Japanische Gärten gestalten

Japanische Gärten gestalten

Inspirierende Fotos und Gartenpläne

Charles Chesshire
Fotos Alex Ramsay

CHRISTIAN VERLAG

Aus dem Englischen übersetzt von Reinhard Ferstl
Redaktion: Dr. Jens-Uwe Voss
Korrektur: Dr. Michael Schenkel
Umschlaggestaltung: Horst Bätz
Satz: SatzDesign Yvonne Heizinger, München

2. Auflage 2008

Die Originalausgabe mit dem Titel *Japanese Gardening* wurde erstmals 2006 im Verlag Anness Publishing Ltd. veröffentlicht.

Fotograf: Alex Ramsay;
weitere Fotografen: Peter Anderson, Jonathan Buckley und Steven Wooster
Designer: Simon Daley
Illustratorin: Anna Koska

Druck und Bindung: Star Standard Industries Pte.
Printed in Singapore

ISBN 978-3-88472-728-7

Seite 1 Im Eingang zum Tempelgarten des Koto-in von Kyoto offenbart sich das spannungsreiche Wechselspiel zwischen der Architektur und den natürlichen Formen von Bäumen und Moos vor dem Bambuswald als Hintergrund.

Seite 2 Die hoch aufragenden Sicheltannen *(Cryptomeria japonica)* im Sanzen-in von Ohara scheinen direkt dem Moosteppich zu entspringen.

Seite 3 Eine Steinpagode in einem Hain aus seltenen Spießtannen *(Cunninghamia lanceolata)* im Syoko-ho-en, einem privaten Wandelgarten in Kyoto.

Oben, von links nach rechts Ein Teehaus im Saiho-ji-Moostempel von Kyoto; Holzbrücke im chinesischen Stil; geometrisch-formaler Eingangsweg im Koetsu-ji.

Gegenüber, von links nach rechts Der Garten des Isui-en »borgt« die Aussicht von einem benachbarten Tempel; japanische Kois; Teepfad mit Tor.

Mit bestem Dank an Nao Yano und Misako Lodge für ihre Unterstützung bei der Übersetzung japanischer Texte ins Englische.

Inhalt

Einführung

Seit vielen Jahren schon stehen japanische Gärten in der westlichen Welt hoch im Kurs. Um die Mitte des 17. Jahrhunderts begann sich Japan systematisch vom Ausland abzuschotten, und in der folgenden, rund 200 Jahre dauernden Isolation entstanden in Architektur, Dichtung, Malerei, Ikebana und Gartenkunst außergewöhnliche Stilrichtungen. Als westliche Künstler, Baumeister und Kunsthandwerker gegen Ende des 19. Jahrhunderts erstmals mit den japanischen Ausprägungen ihres Metiers in Berührung kamen, war ihr Erstaunen groß.

Der starke Einfluss japanischer Stile auf den Westen ist noch heute zu spüren. Insbesondere die Gärten des Inselreichs beflügeln mit ihrer ausdrucksstarken, mystischen Aura seit Langem unsere Fantasie. Die Symbolhaftigkeit und Ausgefeiltheit fernöstlicher Pflanzungen üben eine große Anziehungskraft aus und faszinieren vor allem diejenigen Gartengestalter, die auf der Suche nach einer tieferen Bedeutung sind und ihren Schöpfungen ein zeitgenössischeres Aussehen verleihen möchten.

Japanische Landschaftsgärten – gerade die aus Sand und Stein errichteten, von denen manche bis ins 15. Jahrhundert zurückgehen – sind in aller Welt zum Inbegriff abstrakter Gartenkunst geworden. Die schöpferische Energie der Zen-Mönche und -Maler aus dem Mittelalter bereitete den Weg für die Entwicklung des japanischen Gartens als außergewöhnlicher Kunstform.

Im Mittelpunkt fast aller Gartenanlagen im Land der aufgehenden Sonne stehen Pflanzen. Ihre vergängliche Schönheit lässt den Betrachter teilhaben am Wechsel der Jahreszeiten. Den meisten Formen, die im Lauf der Zeit einen festen Platz in japanischen Gärten bekommen haben, wohnt eine tiefere Bedeutung inne, sei es die knorrige Kiefer, die wolkengleiche Blütenkirsche, der hängende Flor der Glyzine, die symbolträchtige Lotosblume oder der Ahorn mit seiner leuchtenden Herbstfärbung. Sie alle werden, genau wie jeder einzelne Fels, jede Steinlaterne, mit Zurückhaltung und Bedacht eingesetzt. Alles ist dem einheitlichen, harmonischen, stimmungsvollen Gesamtbild untergeordnet. In der japanischen Gartenkunst ist das Ganze wesentlich mehr als die bloße Summe seiner Einzelteile.

Rechts Eine vielleicht schon über 700 Jahre alte Mädchenkiefer *(Pinus parviflora)* dominiert diesen Garten im Tempel Hosen-in. Gerahmt wird der Blick auf das Grün von den Säulen der Veranda, die mit den senkrechten Stützen der Äste harmonieren.

五葉の松

Die Geschichte des japanischen Gartens

Die japanische Gartenkunst blickt auf eine lange, faszinierende Entwicklung zurück. Wer ihre Geschichte und deren Protagonisten kennt, findet leichter Zugang zur Gestaltungsphilosophie und lernt, eigene Pflanzungen in diesem Stil zu entwerfen. Form und Aussehen japanischer Gärten lassen sich zwar durch simples Kopieren nachempfinden, doch um ihr Wesen zu erfassen, braucht man ein tieferes Verständnis. Entstanden ist die ebenso ungewöhnliche wie eigenständige und dabei zutiefst ästhetische Kunstform im Lauf der Jahrhunderte dank vielfältiger chinesischer und buddhistischer Einflüsse, einem ausgeprägten japanischen Bewusstsein für das Ich, der faszinierenden Natur im Inselreich und der einheimischen Religion Japans.

Gegenüber Der Trockengarten des Ryogen-in-Tempels von Kyoto wurde 1980 nach Motiven der in Ostasien berühmten Legende von den mystischen Inseln neu gestaltet.

Oben, von links Quadratische Platten im Moosmeer, eine Steinlaterne und geschnittene Azaleen: Details aus einer 1939 entstandenen Anlage des Gartenarchitekten Mirei Shigemori im Tofuku-ji.

Der japanische Garten, wie wir ihn kennen, ist das Ergebnis einer langen, von verschiedensten Einflüssen geprägten Entwicklung. Während der Heian-Zeit war in China die Legende von den mystischen Inseln populär: Auf diesen lebten der Überlieferung zufolge Unsterbliche, die das Elixier der ewigen Jugend besaßen. Als japanische Gärtner erstmals mit chinesischen Gärten in Berührung kamen, faszinierte sie der Unsterblichkeitskult ganz besonders. Berge, Inseln und Seen wurden zu zentralen Elementen ihrer Gartenparadiese und entwickelten sich später sogar zu eigenständigen buddhistischen Symbolen. Einen hohen Stellenwert genießt in der japanischen Gartenkunst neben der Leidenschaft für Pflanzen und die ihnen eigene Poesie auch die Ehrfurcht vor der Natur. Diese Haltung wurzelt in dem Japan eigenen Shintoismus, dem zufolge Felsen und Bäume von Energie und Leben beseelt sind.

Im Laufe seiner Geschichte holte Japan sich in Kunst und Philosophie immer wieder Anregungen bei China und Korea, seinen Nachbarn auf dem Festland. Buddhistische Mönche pilgerten nach China und kehrten mit Zen, Tee und einer Hochachtung vor der Weisheit chinesischer Gelehrter, Maler und Einsiedler-Dichter zurück. Im 15. Jahrhundert wurde die japanische Dicht-, Theater- und Malkunst im Zusammenspiel mit Zen und der Teezeremonie zum Nährboden für zwei der wichtigsten Stile, den Trocken- und den Teegarten. Alle danach entstandenen Gärten wurden immer wieder von diesen inspiriert, aber auch aus der Romantik der Heian-Zeit (794–1185). Selbst in den heutigen avantgardistischsten Gärten tauchen zuweilen noch Elemente von damals auf.

Oben, von links Moosinsel in einem Sandsee des Tofuku-ji; Bachgarten am Tempel Motsu-ji; Strandkiesel, Kies, Felsen und behauene Granitsteine: die klassischen Elemente eines Trockengartens.

Gegenüber Dieses ungewöhnliche Refugium namens *ryu-ten,* »Teeladen im Garten«, in dem ein Bach durch das Gebäude geführt wurde, findet sich im Wandelgarten Koraku-en in Okayama.

Die sechs wichtigen Epochen

In der Geschichte japanischer Gärten lassen sich sechs Epochen unterscheiden. Sie sind zumeist geprägt von dramatischen politischen und gesellschaftlichen Veränderungen. Die wesentlichen Merkmale jeder Ära werden hier zusammengefasst.

Nara-Zeit (710–784)

(China: Tang-Dynastie 618–907)

Eine Epoche der Teich-, Bach- und Zeremonialgärten.

Nara, etwa 48 km südlich von Kyoto gelegen, war die letzte der alten Hauptstädte Japans. 1974 entdeckte man bei Ausgrabungen Überreste eines Gartens auf dem Areal eines alten Palasts. Er enthielt einen gewundenen Bach mit einzigartigen, kunstvoll arrangierten Felsgruppen und wurde vermutlich für Zeremonialzwecke genutzt. Eine Ähnlichkeit mit chinesischen Gärten aus derselben Zeit ist unverkennbar.

Heian-Zeit (794–1185)

(China: Tang-Dynastie 618–907, Fünf Dynastien 907–960, Song-Dynastie 960–1279)

Die erste Welle chinesischer Einflüsse und das paradiesische »Land der Reinheit«.

Die romantischste Ära der japanischen Kulturgeschichte war geprägt von Verfeinerungen auf vielen Gebieten. Unter der kaiserlichen Herrschaft in Kyoto begann man in der Gartenkunst immer mehr Wert auf Details, die Jahreszeiten und Rituale zu legen. Ein wesentlicher Bestandteil der Anlagen waren Teiche und Inselgärten, in denen die mystischen Inseln der Unsterblichen und das paradiesische Land der Reinheit des Buddhas Amida dargestellt waren. In ihnen wurden nach überliefertem Glauben die Seelen der Reinen nach dem Tod wiedergeboren. Die Gärten waren so gestaltet, dass Zeremonien, Musikdarbietungen und Dichterlesungen in Höfen, auf Booten und an Bachufern aufgeführt werden konnten. Im 11. Jahrhundert entstand das *Sakuteiki*, die weltweit wohl erste Abhandlung über Gartengestaltung.

Kamakura-Shogunat (1185–1333)

(China: Song-Dynastie 960–1279, Yuan-Dynastie oder Mongolenherrschaft 1279–1368)

Zweite Welle des chinesischen Einflusses und Einführung des Zen.

Minamoto war der erste Shogun. Seine Regierung in Kamakura zeigte wenig Interesse an den Künsten, bis buddhistische Mönche aus China mit Zen, Tee, Gemälden aus der Zeit der Song-Dynastie und frühen Artefakten der Ming-Dynastie zurückkehrten. Am Hof der Kaiserfamilie in Kyoto änderte sich gegenüber der Heian-Zeit nicht viel. Um 1339 entstanden in Kyoto die Gärten Saiho-ji und Tenryu-ji in Anlehnung an Szenen aus Gemälden der Song-Dynastie. Felsen wurden häufiger als früher eingesetzt. Die ersten Zen-Mönche begannen mit dem Anlegen von Gärten.

Links Der Goldpavillon wurde Ende des 14. Jahrhunderts von den ersten Ashikaga-Shogunen zu Beginn der Muromachi-Zeit errichtet.

Links Die Gärten um das Nijo-Schloss in Kyoto entstanden zu Beginn der Edo-Zeit. Sie enthielten größere und mehr Felsen als in der japanischen Gartenkunst bis dahin üblich.

Muromachi-Zeit (1338–1573)

(China: Ming-Dynastie 1368–1644)

Eine Epoche, in der der verheerende Onin-Krieg stattfand und die Gartenkunst durch den Einfluss des Zen verfeinert wurde.

Die Vermischung der Kriegerkaste mit der Kaiserdynastie in Kyoto verhalf den Künsten zu einer erstaunlichen Blüte. In den 1390ern wurden der Goldpavillon und um 1470 der Silberpavillon von Ashikaga-Shogunen erbaut. Die Wandelgärten mit Teichen stellten eine Abkehr von den Gärten mit Bootseen dar. Der bedeutendste Beitrag der Muromachi-Zeit zur Gartenkultur waren die Trockengärten (*kare-sansui,* übersetzt etwa »Trocken-Berg-Wasser«) mit Steinen in einer Kies- oder Sandfläche. Daisen-in (um 1513) und Ryoan-ji (1499) sind die berühmtesten dieser Anlagen.

Momoyama-Zeit (1573–1603)

(China: Ming-Dynastie 1368–1644)

Die Ära der Reichseiniger und der Aufstieg der Teemeister sowie der Händlerklasse.

Die verschiedenen Reichseiniger ließen Gärten mit größeren Felsen als bisher üblich anlegen. Sie dienten ihnen als Ausdruck der Macht, doch wurde dieser Exzess von der Bescheidenheit eines neuen Elements abgemildert: des Teehauses mit Teegarten. Die Teezeremonie wurde von einem Händler namens Rikyu verbreitet, einer der einflussreichsten Persönlichkeiten der japanischen Geschichte.

Edo-Zeit (1603–1868)

(China: Qing-Dynastie 1644–1911)

Eine Epoche der nationalen Abschottung.

1603 zog das Tokugawa-Shogunat in die östliche Hauptstadt Edo um, das heutige Tokio, wo strenge Sozialstrukturen entstanden. Die Gärten jener Periode sind meist geprägt von Wandelgärten, der berühmteste befindet sich in der kaiserlichen Katsura-Villa in Kyoto. Mit seinen zahlreichen Teehäusern und anderen Gebäuden an Teichen sowie den exquisit eingerahmten Ausblicken gilt das Areal als einer der letzten großen Höhepunkte der japanischen Gartenkunst.

Unterdessen führten die Händler in den Städten und die Samurai den kleinen Hofgarten unter Verwendung von Motiven früherer Trocken- und Teegärten zur Blüte. Im Lauf der Zeit gerieten die Gärten generell großtuerischer und ließen die Tiefe und schöpferischen Elemente ihrer nach philosophischen Grundsätzen angelegten Vorgänger vermissen. Als Japan sich nach 200-jähriger Isolation ab 1867 wieder dem Westen öffnete, nahmen der Minimalismus der Zen-Gärten, die Avantgarde und naturalistische Stile breiten Raum in der Gartenkunst ein, wobei immer wieder auf traditionelle Motive wie die mystischen Inseln zurückgegriffen wurde.

Rechts Eine Pflanzung aus geschnittenen Sträuchern, *o-karikomi* genannt, im Sanzen-in, einem Garten aus der Edo-Zeit.

Chinesische Einflüsse

Bis 607 n. Chr. war Japan im Wesentlichen eine primitive Gesellschaft gewesen, die von der chinesischen Kultur lediglich über Korea in geringem Maße beeinflusst worden war. 607 traf der erste japanische Gesandte in der chinesischen Hauptstadt Ji ein. Die ausgedehnten Gärten mit Seen, Inseln und Pavillons um die prachtvollen Kaiserpaläste müssen großen Eindruck auf ihn gemacht haben.

Einen hohen Stellenwert hatten in chinesischen Gärten die mystischen Inseln, auf denen der Legende zufolge die Unsterblichen lebten. In der Hoffnung, sie anzulocken, auf dass sie das Elixier der ewigen Jugend mit ihm teilten, hatte sich Chinas Kaiser Han Wu seinen eigenen See und einen großartigen Inselgarten anlegen lassen. Angeblich schwammen die sagenhaften Eilande auf dem Rücken von Schildkröten, während die Unsterblichen auf dem Rücken von Kranichen getragen wurden. Die mystischen Inseln begannen über die Jahre einen breiten Raum in der chinesischen Vorstellungswelt einzunehmen. Bis heute haben sie neben Kranichen und Schildkröten auch in japanischen Gärten große Bedeutung und werden in der Regel in Form von Felsgruppen dargestellt. Diese symbolisieren allerdings nicht nur die paradiesischen Eilande, sondern entwickelten sich im Lauf der Zeit zu einem Sinnbild des Bergs Shumisen, Mittelpunkt der buddhistischen Mythologie und ein wichtiges Berg-Wasser-Motiv.

Überhaupt war der Buddhismus in Japan eine treibende Kraft, die ab der Mitte des 6. Jahrhunderts immer wichtiger wurde und weitere chinesische Einflüsse assimilierte. Aber selbst wenn der Kaiser von Japan das Land unter den Schutz des Buddhas stellte, gefährdete der Buddhismus nie den Stellenwert der *kami*. Diese Shinto-Wesenheiten waren verantwortlich für die Existenz des Tenno und sorgten zudem für das Wohlergehen der Gesellschaft.

Von zentraler Bedeutung waren im buddhistischen Konzept des Paradieses Teiche, die in Japan zu ebenso wichtigen Gartenelementen wie in China avancierten. Es hieß, im Paradies des Buddhas Amida wüchsen mit Edelsteinen behangene Bäume, und goldener Sand säume die Seerosenteiche. Auf dem Wasser warteten himmlische Gastgeber auf untertänige Seelen, um ihnen zur Wiedergeburt im Reich der Freude auf einer Lotosblüte zu verhelfen. Der große Amida-Garten mit Teichen und Inseln

Ganz links Die chinesische Legende von den mystischen Inseln inspiriert Gartengestalter bis heute. Im Trockengarten des in den 1980ern entstandenen Ryogen-in ragt der Berg Horai als steinernes Eiland empor.

Links Im Konchi-in befindet sich eine Steingruppe in Kranichform. Die Vögel trugen der Legende zufolge Unsterbliche auf ihrem Rücken.

Gegenüber Eine Schildkröteninsel im Konchi-in. Kopf und Flossen sind zwischen den geschnittenen Sträuchern gut auszumachen.

Links In alten chinesischen Gärten waren Bäume und bizarr geformte Felsen zu sehen. Japan orientierte sich zwar stark an chinesischen Vorbildern und setzte Steine auf ähnliche Art und Weise ein, zog ansonsten aber einen stärker naturalistischen Stil vor.

entwickelte sich zum dominierenden Element der Anlagen im Nara- und Heian-Stil. Als im Jahr 794 Heian-Kyo, das spätere Kyoto, zur ständigen Hauptstadt wurde, stand der Teich- und Bachgarten mit windendem Wasserlauf im Mittelpunkt der Gartenkunst. Während der Heian-Zeit begann sich ein eigenständiger Gartenstil herauszubilden, der langsam und unmerklich buddhistische Elemente, die Sage von den mystischen Inseln und das Konzept der heiligen Shinto-Haine zu jener unverwechselbaren, zutiefst japanischen Kunstform verschmelzen ließ, wie wir sie heute kennen.

Geomantie

Die chinesische Lehre von den Energiefeldern der Erde beeinflusste die Gestaltung von Palästen, Städten und Gärten. Der Geomantie zufolge müssen Gebäude, Pflanzen und Felsen unter Berücksichtigung natürlicher Kräfte bzw. Energieströme an einem ganz bestimmten Ort platziert werden, damit sie in Harmonie zueinander und zur natürlichen Ordnung stehen. Ein falscher Standort kann Unbill und Krankheit über ein Land, einen Haushalt oder eine Person bringen. Sogar die Lage der neuen Kapitale Kyoto, die in Anlehnung an die chinesische Stadt Chang'an (das heutige Xi'an) mit ihren Palästen und Gärten errichtet wurde, wählte man nach geomantischen Grundsätzen. Jedes der Elemente wird mit einer Himmelsrichtung verknüpft: Wasser mit dem Norden, Feuer mit dem Süden, Holz mit dem Osten, Metall mit dem Westen, dazu Erde mit dem Zentrum. Eine andere Lehre ordnet jeder Richtung bestimmte Farben, Planeten, Jahreszeiten und Schutzgötter zu. Auch Yin und Yang sind Bestandteil der Geomantie, werden aber nicht immer als genau gegensätzlich angesehen. Die meisten Erscheinungen enthalten beide Elemente, denn die Zusammenführung von Yin und Yang schafft Harmonie. So entstehen beispielsweise durch Kombination von Wasser (Yin) einerseits und Sonne oder Feuer (Yang) andererseits günstige Bedingungen für die Samenkeimung.

Mit der Malerei, der Einführung des Zen-Buddhismus und der Teezeremonie gelangte die nächste Welle chinesischer Einflüsse nach Japan.

Malerei

Die chinesischen Künstler der Tang- und Song-Dynastie stellten Berge, Kiefern und Wasserfälle, in Seen fließende Bäche und sich durch Felsen hindurchschlängelnde Wege dar. Sie übten einen stärkeren Einfluss auf die japanische Gartenkunst aus als alle großen Kaiserparks in China. Unterdessen sahen japanische Mönche und Künstler, die China einen Besuch abstatteten, Tempel von großer Schönheit, aber auch Einsiedler und Künstler in Hütten und Höhlen. Bei ihrer Rückkehr nach Japan ahmten die Mönche und Künstler die Lebensweisen und Künste nach, mit denen sie in China in Berührung gekommen waren.

Zen

Japans Mönche waren auf der Suche nach einer reineren buddhistischen Lehre ohne esoterische Praktiken wie die Anbetung des Buddhas Amida. In China stießen sie auf Anhänger des Chan, wie Zen in China genannt wird. Chan ist vom Sanskritwort *dyana* abgeleitet, das übersetzt »Versenkung« bedeutet. Der Zen-Buddhismus rückt mehr das Individuum und seine Bemühungen, den Geist insbesondere durch Meditation und die Erfahrung der »Nichtheit« zu beherrschen, in den Mittelpunkt.

Im späten 16. Jahrhundert waren die japanischen Zen-Meister bereits zu großen Gartenkünstlern avanciert, wiederum inspiriert von chinesischen und auch japanischen Darstellungen von Trockengärten aus Sand und Felsen. Ihre Schöpfungen wurden immer abstrakter und enthielten oftmals versteckte Botschaften des Zen-Buddhismus.

Oben Die im 14. Jahrhundert angelegten Tenruy-ji-Gärten in Kyoto wurden ursprünglich von einem chinesischen Gärtner angelegt. Später passte man sie an den japanischen Geschmack an. So wurde beispielsweise eine Holzbrücke im chinesischen Stil durch eine Reihe von Steinplatten ersetzt.

Rechts Vollmondbrücken nach chinesischer Manier waren während der Edo-Zeit in Japan beliebte Gartenelemente. Diese hier überspannt einen Zufluss zu einem Teich in Frank Cabots Garten im kanadischen Quebec. Der Halbkreis der Brücke verbindet sich mit seinem Spiegelbild im Wasser zu einem kompletten Kreis.

Teegärten und Teezeremonien

Die Gemälde, Dichtungen und spirituellen Lehren chinesischer Gelehrter waren nicht die einzige Inspirationsquelle für Japans Maler und Zen-Mönche, auch die rustikalen Einsiedeleien und die Eremiten in ihren Bergklausen in China beeinflussten die Gestaltung der japanischen Teehäuser. Händler und Mönche entwickelten daraus einen neuen Gartenstil mit einem Weg, *roji*, der zu einem Teehaus führte.

Anfang des 16. Jahrhunderts bildete sich die einflussreiche Form des Teegartens heraus, mit dem die japanische Gartenkunst eine völlig neue, von großem Ideenreichtum geprägte Richtung nahm. Kaum eine japanische Gartenform ist dem Westen geläufiger geworden als der Teegarten mit seinen Laternen, Gewässern und Brunnen.

Moderne und westliche Einflüsse

1853 feuerten die Schwarzen Schiffe der US-Marine in der Bucht von Tokio einige Warnsalven in die Luft: ein unmissverständliches Signal an das Tokugawa-Shogunat, die Häfen des abgeschotteten Landes für den Handel mit der Außenwelt zu öffnen. Kaum waren in Handel und Kommunikation die Schranken gefallen, begann sich der europäische und amerikanische Einfluss in Technik und Kunst bemerkbar zu machen. Umgekehrt aber wirkte sich auch Japans Kultur nachhaltig auf den Westen aus.

Japans Regierung befand sich 1853 in einem traurigen Zustand. Bald nach der erzwungenen Öffnung des Landes trat an die Stelle des Shogunats, das 250 Jahre lang die Macht in Händen gehalten hatte, wieder die seit Langem darbende, verarmte Kaiserfamilie, die damit eine neue Blüte erlebte.

Ab der Mitte des 19. Jahrhunderts machte sich der Einfluss Japans im Westen bemerkbar. Japanische Stiche und Kunstgegenstände überschwemmten förmlich den Markt. Nicht nur die Impressionisten, die gesamte Kunstwelt holte sich in Fernost zahlreiche Anregungen. Große Architekten wie Frank Lloyd Wright (1867–1959) und Charles Rennie Mackintosh (1868–1928) ließen sich von der ursprünglichen Schlichtheit der japanischen Bau- und Gartenkunst inspirieren. Sie bewunderten die Schönheit natürlicher Materialien, die sie zusammen mit den modernen Werkstoffen Glas, Beton und Stahl verwendeten.

Einen besonderen Reiz übte auf westliche Betrachter der Stil außergewöhnlicher Gärten wie des Ryoan-ji in Kyoto aus, dessen düstere Mystik die Menschen heute ebenso fasziniert wie bei seiner Entstehung Ende des 15. Jahrhunderts. Anlagen im Zen-Stil beeinflussten zahlreiche Gärtner im Westen, die zwar mit dem Konzept des Zen nicht vertraut waren, aber eine Kunstform entdeckten, mit der sie ihre eigenen minimalistischen, atonalen und avantgardistischen Schöpfungen ins rechte Licht rücken konnten.

Aber nicht nur der Westen griff bereitwillig die Anregungen aus dem Fernen Osten auf, umgekehrt erwies sich auch Japan als außergewöhnlich offen für fremde Traditionen, die es übernahm, um sie anschließend neu zu erfinden. So hegt man beispielsweise bis heute eine große Vorliebe für Pflanzungen im englischen Stil, die man wie einst die chinesischen Gärten kopierte, bevor man sie absorbierte und ihnen einen fernöstlichen Einschlag gab.

In den 30er-Jahren des 20. Jahrhunderts war die traditionellere japanische Gartenkunst in eine Sackgasse geraten und erschöpfte sich in Klischees. Das veranlasste ein, zwei Gärtner, die Verwendung herkömmlicher Materialien und Motive neu zu

Gegenüber Der Künstler und Gartenarchitekt Mirei Shigemori gestaltete den Garten des Tofuku-ji in Kyoto in den 1930ern neu. Er erkannte als Erster das Potenzial japanischer Gärten als Medium für zeitgenössische Ausdrucksformen, nahm aber zugleich Anregungen aus der westlichen Kunst auf.

Rechts Das ungleichmäßige Schachbrettmuster aus Steinplatten in einem Meer aus Moos mit geschwungenen Dachziegeln als Einfassung befindet sich im Garten des Tofuku-ji. Die Anlage vereint Natur, architektonische Elemente und moderne Kunst zu einem nahezu zeitlosen Ganzen.

überdenken. Der größte dieser Reformer war Mirei Shigemori (1896–1975), der in den 30er-, 40er- und 50er-Jahren Privat- und Tempelgärten entwarf. Er gab ihnen durchaus moderne Züge, brachte aber neben Beton weiterhin traditionelle Motive und natürliche Materialien zum Einsatz.

Seit den 50er-Jahren des 20. Jahrhunderts wurden Natursteine und Felsen immer mehr durch rohe, sandgestrahlte Bruchsteine ersetzt, aber auch durch Kunststoffe und Metalle, so wie schon im 17. Jahrhundert das Künstliche mit dem Natürlichen verbunden wurde. Die Einbindung neuer Materialien unter gleichzeitiger Beibehaltung der reinen Einfachheit von Zen-Gärten ist nach wie vor das Wesensmerkmal zeitgenössischen japanischen Designs.

Einer der jüngsten Trends in der japanischen Gartenkunst ist die Hinwendung zu einem stärker naturbetonten Stil mit einheimischen Pflanzen und naturnahen Bächen. Dabei wird aber immer wieder deutlich, dass Japan sein kulturelles und geschichtliches Erbe nicht leugnen kann und selbst das modernste Design den Heian-Gärten und dem *Sakuteiki* aus dem 11. Jahrhundert verpflichtet bleibt.

Links Ein japanischer Teegarten von Maureen Busby, vorgestellt im Jahr 2004 auf der Chelsea Flower Show in London. Wichtigster Bestandteil eines Teegartens ist der Weg aus Trittsteinen, der durch eine »Wildnis« führt. In dieser modernen Version kommen viele Elemente eines authentischen Teegartens zum Einsatz, doch wirkt die Anlage insgesamt etwas formaler. Ein Fächerahorn *(Acer palmatum)* auf einem Mooshügel wirft seinen Schatten auf einen Horst Japanischer Sumpfschwertlilien *(Iris ensata)*.

Gegenüber, oben Der Dachgarten der kanadischen Botschaft in Tokio wurde Anfang der 1990er vom Zen-Priester Shunmyo Masuno gestaltet. Auf einer modernen Pflasterfläche verband er die spannungsreichen, stilisierten Formen der Rocky Mountains mit traditionellen Naturfelsen und sandgestrahlten Blöcken aus Steinbrüchen.

Gegenüber, unten links In dieser zeitgenössischen Anlage aus den USA kombinierte Terry Welch exakt dieselben Formen, Materialien und Stile, die man auch in japanischen Trockengärten des 15. Jahrhunderts findet. Die einstigen *kare-sansui* überdauerten die Jahrhunderte und inspirierten Künstler aus allen Kulturen.

Gegenüber, unten rechts Ein *kare-sansui* im Bloedel Reserve auf Bainbridge Island im US-Bundesstaat Washington. Wie in vielen Originaltrockengärten stehen in dieser schön gestalteten Anlage abgeflachte Steine in einem Meer aus Sand im Mittelpunkt. Eingefasst wird das Areal von Randsteinen aus Granit.

Gestaltung und Inspiration

Japanische Gärten sind weltweit ohne Beispiel. Ihr unverwechselbarer Charakter speist sich aus einer Reihe von Inspirationsquellen. Dazu zählt nicht zuletzt die Landesnatur: Japan besteht aus einer Inselgruppe mit zerklüfteter Küste und vulkanischen Gebirgslandschaften, in denen steile, felsige Wildbäche durch Wälder mit einer vielfältigen Flora fließen. Im alten Japan glaubte man, dass die gesamte Natur – Bäume, Felsen, Berge und Wasser – beseelt sei und die Macht hätte, die Götter auf die Erde zu locken.

So wurde in japanischen Gärten immer ein besonderes Augenmerk auf die Natur gerichtet, was in der Art und Weise, wie Felsen arrangiert werden, ebenso zum Tragen kommt wie etwa im Umriss eines Teichs oder einer Insel. Neben der Vielfalt der japanischen Landschaft und dem Reichtum ihrer Pflanzenwelt aber beeinflusste auch die chinesische Kultur die Gartenkunst im Land der aufgehenden Sonne.

Gegenüber Der Garten Tenju-an in Kyoto ist ein schönes Beispiel für das Zusammenspiel zwischen geometrisch-künstlichen und unregelmäßig-natürlichen Formen.

Oben, von links Der Trockengarten des Jiko-in-Tempels in Nara; ein im japanischen Stil gestalteter Garten in England; die Einfachheit der grandiosen Koto-in-Gärten.

Im japanischen Garten wird die Natur nicht einfach kopiert. Man deutet bestimmte Aspekte an, indem man beispielsweise Kiefern sorgfältig schneidet, damit sie ein altes, knorriges Aussehen annehmen, oder Sand als Ersatz für Wasser einsetzt. Selbst in den modernsten Anlagen kann man Motive und stilisierte Umrisse natürlicher Landschaftselemente wie Seen, das Meer, Inseln, Wasserfälle und Bäche entdecken.

Asymmetrie und Zurückhaltung, Andeutungen und eine große Liebe zum Detail sind die ästhetischen Leitmotive japanischer Gärten. Einen Kontrapunkt zur zurückhaltenden Gestaltung setzen lebhafte Farbtupfer in wohlbemessener jahreszeitlicher Dosierung – ein starker Gegensatz zu den meisten westlichen Gärten, in denen oft eine lange Blütezeit angestrebt wird.

Auch die Beziehung zwischen Häusern oder Tempeln und ihren Gärten unterscheidet sich von der in vielen anderen Kulturen. Gärten dienen selten dem Vergnügen, sondern der inneren Einkehr. Ansichten werden oft von einem rechteckigen Rahmen aus Pfeilern und Wänden eingefasst und schließen, wenn möglich, Ausblicke auf Landschaften jenseits des Grundstücks ein. Häuser und Gartengebäude bestehen überwiegend aus Holz, Bambus und Schilfrohr, Wege verlaufen nicht gerade, sondern schlängeln sich durch die Gärten und führen den Besucher in Haine oder eröffnen ihm Aussichten, die wie Gemälde komponiert sind.

Der überlegte Einsatz von Räumlichkeit und Schlichtheit wurde von Zen-Mönchen zur Vollendung geführt. Sie förderten Malerei, Kalligrafie und Gartenkunst als Mittel der Selbstbeherrschung und Weg zu einem tieferen Verständnis des menschlichen Geistes und der Natur.

Oben, von links Der Laufsteg im Sanzen-in-Tempel: eine hervorragende Aussichtsplattform; eine Einfassung aus Dachziegeln, angekohlten Pfosten, Granitblöcken und blauen Tonziegeln; Dachziegel vor einem Ahorn im Herbstkleid.

Gegenüber Marc Keane entwarf diesen Garten bei Kyoto in einem kleinen rechteckigen Areal. Der geharkte Sand und der Ahornsolitär auf moosbewachsenem Hügel sind ein eindrucksvolles Beispiel, wie wenig man für einen vollendeten Ausdruck braucht.

Der Shintoismus und die Natur

Anfangs orientierten sich Japans Gärten an chinesischen Vorbildern. Mit der Zeit jedoch wirkten sich die Gebirgs- und Küstenlandschaften sowie der Shintoismus mit seiner Verehrung für Felsen und Bäume so nachhaltig prägend aus, dass die japanische Gartenkunst zu einer eigenständigen Ausdrucksform fand.

Die japanische Landschaft

Der japanische Archipel setzt sich aus vier gebirgigen Hauptinseln und Hunderten kleiner Felseninseln zusammen. Wildbäche, heiße Quellen, Flüsse und steile, baumbestandene Hänge prägen die Landschaft. Die meisten Berge, darunter über 50 aktive Vulkane, sind noch heute bis zum Gipfel bewaldet, denn bis vor Kurzem war die Staatsreligion der Buddhismus, der den Verzehr von Fleisch und Fisch untersagte, weshalb keine Schafe, Ziegen oder Rinder gehalten wurden, die die Vegetation hätten zerstören können. Bis zum heutigen Tage holen sich Japans Gartenkünstler ihre Anregungen aus der Natur. In ihren Anlagen sind Berge, Felsen und Flüsse immer wiederkehrende Motive.

Der Shintoismus

Japan wurde vermutlich in der Zeit von 10 000 bis 300 v. Chr., unter anderem wohl von Korea aus, besiedelt. Die Einwanderer begannen in den Küstenebenen Ackerbau zu betreiben und den Nassreisanbau zu entwickeln, eine Lebensweise, die ihre jahreszeitlichen Riten und das gesellschaftliche Wertesystem prägte.

Der Shintoismus, wörtlich »Weg der Götter«, entwickelte sich wohl aus indigenen religiösen Traditionen. Ab dem 6. Jahrhundert wurde er mehr oder weniger vom Buddhismus ersetzt oder vermischte sich mit ihm. Fester Bestandteil des Shintoismus waren animistische Rituale, in deren Mittelpunkt Felsen, Bäume und Pflanzen standen. Man glaubte, diese besäßen eine spirituelle Kraft, die die Götter auf die Erde locken könnte. Unterschieden wurden zwei Arten von *kami*, wie die Gott- oder Wesenheiten genannt wurden: jene, die von oben herab kamen, und jene, die jenseits des Meeres existierten und die Hauptinseln Japans hervorgebracht hatten. Beide wurden durch heilige Steine und Gewässer versinnbildlicht, und deshalb kommen in japanischen Gärten immer wieder Felsen- und Teichmotive vor.

Den Shintoisten zufolge wohnten bestimmten Orten in der Wildnis Götter inne. Bis heute findet man in Seile gewickelte Bäume

Gegenüber Zum Ende der Edo-Zeit hatten die japanischen Gärten viel von ihrem ursprünglichen Quell der Inspiration verloren. Gegen Ende des 19. Jahrhunderts wagte der Gartenarchitekt Ogawa, auch Ueji genannt, eine willkommene Rückkehr zum Garten nach dem Vorbild der Natur. Diese Nähe zur natürlichen Welt erinnerte an einige der ersten japanischen Gärten im 10. Jahrhundert, etwa den Syoko-ho-en bei Kyoto.

Rechts Bevor der chinesische Buddhismus im 6. Jahrhundert nach Japan kam, war Shinto die vorherrschende Religion gewesen. Shintoisten glaubten, dass sich die Götter in heiligen Hainen auf die Erde herablocken ließen. Felsen und Bäume wurden mit Tauen umwickelt, um sie als heilige Objekte kenntlich zu machen. Diese Stätten hatten vermutlich großen Einfluss auf die japanische Gartenkunst.

unweit von Schreinen oder alte Bäume und Felsen, die selbst zu Schreinen geworden sind. *Shime*, die Kunst des Bindens von Objekten oder sogar Menschen mit Stricken aus Reisstroh, stand einst möglicherweise als Zeichen der Besitznahme, während das Gebundene das Land selbst oder die Inseln symbolisierte. (Interessanterweise ist das Wort *shima*, »Garten«, von *shime* abgeleitet.)

Auch *go-shintai*, »Wohnstatt der Götter«, und *iwa-kura*, »Felssitz« oder »Sitz der Götter«, findet man nach wie vor in ganz Japan. Man unterzog sie rituellen Reinigungen und bedeckte sie mit mehreren Lagen Sand und Kies. Dadurch wurden sie zu *shiki-no-himorogi* oder »heiligen Bezirken«. Solche Rituale und heiligen Orte hatten großen Einfluss auf die Verwendung von Felsen in Trockenlandschaftsgärten und anderen Anlagen. Das Zusammenspiel zwischen dem durch Sand oder Kies symbolisierten ebenen Meer und der zerklüfteten Riesenhaftigkeit von Felsen und alten Bäumen schuf eine Ästhetik, die den Anstoß für den Übergang vom rein spirituellen Shinto-Ort zum weltlichen Gartenraum gab. Sie erklärt vielleicht auch, warum der chinesische Gartenstil nicht nur sklavisch kopiert wurde. Der Shintoismus und die Natur Japans dienten vielmehr als fruchtbarer Quell der Inspiration und formten so den chinesischen Stil zu etwas Neuem.

Links Der Stumpf einer riesigen überdachten und umwickelten Japanischen Sicheltanne, der als Schrein verehrt wird. Nicht nur Objekte in der freien Natur galten als von Geistern beseelt, sondern auch Felsen und Bäume im Garten.

Das Bergmotiv

Einen breiten Raum nahmen in der japanischen wie chinesischen Gedanken- und Gartenwelt die Berge ein. Sie bilden als mythische und religiöse Motive das zentrale Element vieler Anlagen. Gleiches gilt für die Legende von den mystischen Inseln (die vor der chinesischen Küste ihren Ursprung nahm). Man unterschied fünf Inseln. Eine hieß P'eng-lai, was später in Japan zu Horai wurde. Die Eilande waren wie die Glieder des japanischen Archipels groß und gebirgig, hatten gefährlich steile Hänge und Hochplateaus, die mit üppigem Grün überzogen waren. Ihre nebelig-blauen Täler waren von weißen Tieren bevölkert, die Bäume trugen Perlen, und die Blumen dufteten. Die Früchte in dieser paradiesischen Welt verliehen allen, die sie verzehrten, ewiges Leben. Entlang den Küsten lebten glückliche Unsterbliche in Pavillons aus Gold, Silber und Jade. Trotz ihres ewigen Lebens aber waren sie keine Götter, sondern Menschen, die weder Krankheit noch Tod kannten und übernatürliche Fähigkeiten besaßen, etwa, sich in die Lüfte zu erheben. Bisweilen saßen sie auch auf dem Rücken riesiger Kraniche, einem weiteren Schlüsselmotiv japanischer Gärten.

Ursprünglich trieben die mystischen Inseln im Ozean und waren nicht mit dem Meeresboden verbunden. Dann verfügte der Überlieferung zufolge der oberste Herrscher über das Universum, dass die Inseln auf 15 gigantischen Schildkröten zu verankern seien. Eines Tages allerdings warf ein Riese ein Netz aus und fing sechs davon. Andere trieben davon und wurden nicht mehr gesehen. Zum Schluss waren nur noch drei übrig. Möglicherweise glaubten die Japaner, sie lebten bereits auf diesen Inseln. Auf jeden Fall wurden die Berginsel Horai, der Kranich und die Schildkröte fester Bestandteil japanischer Gartenlandschaften und noch 1938 von Mirei Shigemori im Tofuku-ji dargestellt.

Zusammen mit dem Glauben an die Shinto-Gottheiten, der japanischen Natur, den verehrten, idealisierten Landschaften Chinas und dem Paradies, wie es einige buddhistische Glaubensgemeinschaften verhießen, bildete die Legende von den mystischen Inseln einen Nährboden für die Entwicklung eines ganz eigenen, wundervollen Gartenstils.

Oben Im Trockengarten des Ryogen-in werden die drei Hauptsymbole der mystischen Inseln in einem Meer aus Sand dargestellt. Im Vordergrund eine »Schildkröteninsel«, *kameshima,* links dahinter der Berg Horai, *horaisan,* die höchste der mystischen Inseln, und im Hintergrund eine »Kranichinsel«, *tsurushima.*

Rechts Diese beiden Sandkegel stehen im Bereich des Shinto-Schreins von Kamigano in Kyoto. Kegel in einem Sandmeer findet man auch in einigen Zen-Gärten. Sie sind Symbole der Reinigung und Erneuerung.

Natur, Jahreszeiten und *Sakuteiki*

Beim Anblick einer in vollendeten Linien geharkten, von ein, zwei Felsen durchsetzten Sandfläche in einem rechteckigen Hof und einer Azalee, so stark zurückgeschnitten, dass sie kaum noch blüht, bekommt man nur zu leicht den Eindruck, japanische Gärtner wollten der Natur eher trotzen, als sich auf sie einzulassen. Gleichwohl hat sich die einheimische Wildnis mit ihren Bergen, windzerzausten Kiefern, Wasserfällen und Inseln unmittelbar auf die japanische Gartenarchitektur ausgewirkt.

Die Natur war von jeher fester Bestandteil japanischer Gärten, von der frühen Heian-Zeit (794–1185), als man sich direkt von der Landschaft und der Wildnis inspirieren ließ, bis hin zu den abstrakteren zeitgenössischen Gärten, die nach wie vor ein tiefes Verständnis für die Natur offenbaren. Während der italienische Garten eine intellektuelle und philosophische Sichtweise auf die Natur zum Ausdruck bringt und der englische Garten vorwiegend einem idealisierten pastoralen Idyll nacheifert, ahmen die Japaner nicht immer die reine Natur nach, sondern setzen sie in stark symbolisierter Form ein. Im 15. und 16. Jahrhundert ließen sie sich immer stärker von den Darstellungen großer Landschaftsmaler inspirieren, so wie der pittoreske englische Garten im späten 18. Jahrhundert sich an den Gemälden von Nicolas Poussin und Claude Lorraine orientierte. Überhaupt waren Gemälde zusammen mit der Natur Ausgangspunkt vieler Gartenbewegungen.

Poesie und Pflanzen

Die Kultur der Heian-Zeit unterschied sich wesentlich von der späteren Zen- und Muromachi-Ära, in denen Strenge und Mäßigung bestimmend waren. Die Aristokratie, die sich um den Kaiserhof in Kyoto niedergelassen hatte, genoss auf Jahre friedlich den Luxus. Man schrieb Gedichte und entfremdete sich dabei immer mehr vom Alltag der Regierungsgeschäfte. Eine Art melancholischer Pessimismus griff um sich. Man wähnte sich in einer vom Zerfall gesellschaftlicher und religiöser Werte geprägten Zeit des

Links Die Kirschblüte wird in ganz Japan als Sinnbild für den Frühling willkommen geheißen. Die Samurai sahen die kurzlebigen Blütenblätter außerdem als Sinnbild ihrer eigenen Sterblichkeit und verehrten sie als Zeichen ihrer Loyalität gegenüber ihrem Herrn. Kirschbäume werden in Japan schon seit der Heian-Zeit gepflanzt.

Gegenüber Westliche Betrachter glauben oft, dass japanische Gärten trocken und leblos seien, doch ist das Gegenteil der Fall. Das Land der aufgehenden Sonne hegt eine große Leidenschaft für Pflanzen und ist mit einer beneidenswert reichhaltigen Flora gesegnet. Hier beugen sich an einem Bachufer blühende Kirschäste über Wolken aus Spierstrauchblüten.

Niedergangs, im Buddhismus *mappo* genannt, und hoffte, durch regelmäßiges Singen von Buddhas Namen nach dem Tod Eingang in sein Paradies im Westen zu erhalten, wo man in nie endender Glückseligkeit leben würde. Das gegenwärtige Leben sah man als flüchtiges Zwischenspiel, einen Traum zwischen zwei Wirklichkeiten. Das ersehnte Paradies dachte man sich als Garten mit vielen von Inseln durchsetzten Teichen.

Für die Heian-Aristokratie hatte die Naturbeobachtung einen hohen Stellenwert. Ihre Angehörigen registrierten jede ihrer Launen und Zustände als Zeichen und Symbol, die sie mit Liebe, Tod, Ehre und der unendlichen Bandbreite menschlicher Gefühle in Verbindung brachten. Diese Emotionen wurden oftmals von Pflanzen verkörpert. In den beiden großen Romanen der Heian-Zeit, *Das Kopfkissenbuch der Hofdame* von Sei Shonagon (995 n. Chr.) und *Die Geschichte des Prinzen Genji* von Murasaki Shikibu (Anfang 11. Jahrhundert), werden mit Bäumen, Blumen und Wettererscheinungen menschliche Gedanken und Wünsche beschrieben.

Die Japaner hegen seit je eine große Vorliebe für Pflanzen und setzen sie in ihren Gärten im Überfluss ein. Die frühen Heian-Gärten enthielten zahlreiche Blütensträucher wie Kerrie, Deutzie, Buschklee, Azalee und Duftblüte, aber auch Kirsche, Ahorn, Wildrose und Schwertlilie.

Jahreszeiten

Die Jahreszeiten stellen sich um Kyoto mit schöner Regelmäßigkeit ein. Das erste Donnergrollen über den Bergen verheißt im Hochsommer zuverlässig den Beginn der Regenzeit. Kirschen, Glyzinen und Azaleen sind bis dahin längst verblüht und werden abgelöst von den Hortensien, die sich nun zu färben beginnen. Zur selben Zeit stöhnt der subtropische Süden in Kyushu bereits unter enormer Hitze, während im nördlichen Honshu und Hokkaido die Bäume unter der schmelzenden Schneedecke an den Gebirgshängen noch ergrünen. Abgesehen vom extremen Norden wird Japan von unangenehm heißen und regnerischen Sommern heimgesucht. Deshalb standen für die kultivierte Heian-Elite in Kyoto einst der angenehme Frühling und Herbst im Mittelpunkt des jahreszeitlichen Rhythmus in den Gärten, und daran hat sich bis heute nichts geändert. Außerdem galten die Jahreszeiten als Teil des geomantischen Systems. Mit Blüten markierte man die Hauptenergieströme. Betonte man die positiven Kräfte durch entsprechende Pflanzung und Gartengestaltung, half das den Haushalt vor Unbill zu schützen.

Im modernen Japan läutet die Pflaumen- und Pfirsichblüte den Frühling ein, auf die kurz darauf die Kirschblüte folgt. Als Nächstes blühen die einheimischen Kamelien, Azaleen und Japanischen Glyzinen, und im Frühsommer feiert man landauf, landab Schwertlilienfeste. Auch die Lotosblüte als geschätztes buddhistisches Symbol entfaltet sich im Sommer in ihrer ganzen Pracht. Den Herbst wiederum nutzen der Fächerahorn, der wild in Japans Wäldern wächst, und die Prachtglocke, die Bergflanken und Tempel an Hängen in strahlende Farben taucht, für ihren großen Auftritt. Chrysanthemen, Symbole der kaiserlichen Familie, aber auch des langen Lebens und Glücks, werden speziell für Feste im Spätherbst herangezogen. Im Winter schließlich schätzt man Kiefer, Sicheltanne und Bambus wegen ihrer Standhaftigkeit.

Das *Sakuteiki*

Das erste bekannte Gartenbuch der Geschichte ist das *Sakuteiki,* eine Abhandlung mit dem Untertitel »Das Setzen von Steinen«. Es entstand Mitte des 11. Jahrhunderts, rund 50 Jahre nach der

Links Pflanzen mit prächtiger Herbstfärbung stehen in Japan in ebenso hohem Ansehen wie die im Frühjahr blühenden Kirschen. Wenn der Fächerahorn sein Herbstkleid aus leuchtenden Rot- und Gelbtönen anlegt, scheinen Hänge und Tempelgärten förmlich zu glühen, so wie hier der Garten des Tenju-an.

Geschichte des Prinzen Genji. Obwohl das *Sakuteiki* in erster Linie eine Art technischer Anleitung für eine kleine Elite war, hat der Inhalt zum Großteil bis heute Gültigkeit, nicht wegen des enthaltenen Aberglaubens, sondern wegen der elementaren Gestaltungsprinzipien. Steine hatten »Wünsche«, und das Buch empfiehlt mehrere Arten, ihnen zuzuhören, was entscheidend ist, wenn man sie im japanischen Garten so platzieren will, als befänden sie sich in der unberührten Natur. Das Kapitel »Natur« erläutert die Darstellung von Küsten, Wasserläufen, Felsen, Inseln und Wasserfällen als lebendige Elemente der Gartengestaltung, geht auf verschiedene Typen ein und liefert entsprechende Anweisungen. So lassen sich Steine beispielsweise auf unterschiedliche Arten einsetzen: entweder in Bächen, damit sie den Wasserfluss modulieren oder bremsen, als Grundsteine oder als Solitäre. Wasserläufe *(yarimizu)* können angelegt werden, als würden sie durch ein Tal fließen, als breite Ströme dahinwälzen oder als Wildbach einen steilen Hang hinunterstürzen. Das Werk enthält Beschreibungen verschiedener Arten von Wasserfällen, die für den japanischen Gärtner noch heute von Belang sind, und liefert sogar Anleitungen für ihre Errichtung.

Oben Im Garten von Syoko-ho-en in Kyoto erfolgte die Platzierung der Felsen und der Schnitt von Bäumen und Sträuchern nach den »Wünschen« der Natur. Das Wirken des Menschen ist hier nicht zu erkennen. Im Vordergrund die im Herbst blühende Krötenlilie *(Tricyrtis)* am Ufer eines Bachs.

Gartenbäche fließen oft über einen Wasserfall in einen Teich oder See. Die Seen werden von Inseln und ihre Ufer von Vorgebirgen aufgelockert. Weißer Sand stellt die Gestade ferner Landschaften dar, während Meeresstrände, Buchten und gewellte Küstenlinien mit weichen Gräsern bepflanzt werden. Auch die Inseln können wahlweise mit Felsküsten, Wäldern, Wiesen oder Feuchtgebieten angelegt werden.

Die frühesten Gärten aus der Heian-Zeit üben nach wie vor einen großen Einfluss auf moderne Gartenarchitekten aus, die sich von der Natur inspirieren lassen. Die Anlagen von einst geben uns auch heute noch eindrücklich zu verstehen, dass wir die Natur als Vorbild nehmen, aber nicht sklavisch kopieren sollen und den »Geist des Ortes« befragen müssen, bevor wir uns an seine kunstvolle Gestaltung machen.

Der Einfluss des Zen

Zen gelangte im 13. Jahrhundert durch Mönche von China nach Japan und durchdrang nach einiger Zeit sämtliche Bereiche der japanischen Kultur. Insbesondere die »Nichtheit« der Zen-Lehre wurde für Gartenarchitekten zu einer wichtigen Gestaltungsphilosophie.

Die ersten Mönche, die Zen nach Japan brachten, stießen mit dieser neuen Form des Buddhismus bei der ziemlich nüchtern denkenden, kriegerischen Regierung in Kamakura südlich des heutigen Kyoto anfangs auf Unverständnis und Ablehnung. Erst zwei, drei Generationen später fand Zen unter den rivalisierenden Machthabern und in der Kaiserfamilie Anhänger. Bis zum frühen 14. Jahrhundert entstanden rund 300 Zen-Klöster in Kamakura und Kyoto. Sie waren Teil des sogenannten »Fünf-Berge-Netzes«. Die Mönche dort förderten Studien in einer Reihe chinesischer Künste und Lehren und waren nicht nur in neokonfuzianischer Metaphysik gebildet, sondern auch überaus versiert in Dichtkunst, Malerei, Kalligrafie, Baukunst, Keramik

und Gartengestaltung. Eine weniger gelehrte Gruppe von Mönchen auf dem Land, die *Rinka*, »Wald«, genannt wurde, gehörte einem anderen Verbund aus Zen-Tempeln an und widmete sich strikt dem *zazen*, also der Sitzmeditation, sowie dem *koan*, dem Verfassen von Rätseln. Die Selbstdisziplin der Zen-Mönche und ihre Loyalität den Meistern gegenüber gefielen der aufstrebenden Samurai-Kriegerkaste, der die Rinka-Mönche ernste Moralpredigten hielten. Bestandteil der Zen-Philosophie war die Weitergabe von Werten vom Lehrer bzw. Meister an den Schüler. Allerdings gab es keine Schriften und auch nicht das für den esoterischen Buddhismus ansonsten typische Beiwerk, etwa Mandalas, Gesänge und Textrezitationen, die das japanische Leben in den fünf Jahrhunderten davor geprägt hatten.

Zen und der Trockengarten

In der Kamakura-Zeit war ein Mönch namens Dogen (1200–1253) besonders für die Betonung der »Nichtheit« aller Dinge, also ihrer Leere und Gehaltlosigkeit, bekannt. Dieser Aspekt des Zen unterstrich die Suche nach dem »vollendeten Ausdruck des reinen Geistes«. Japans Gärtner brachten die »Nichtheit« mit den leeren Sandflächen in den Trockengärten zum Ausdruck. Bevor dieses Material von Maler-Gärtnern als Symbol für das Meer oder eine weiße Leinwand eingesetzt wurde, war es bereits in heiligen Shinto-Bezirken und später auch in Palästen bei Hofzeremonien zum Einsatz gekommen. Unter dem Einfluss der Zen-Mönche wurden leere Sandflächen zum meditativen spirituellen Raum. Bisweilen sehen diese Trockengärten wie vertraute Landschaften oder Kopien von Tuschezeichnungen aus, aber wer sie lange genug betrachtet, kann – insbesondere wenn er mit der Meditationskunst vertraut ist – zu innerer Ruhe finden.

Insbesondere Zen-Mönche schufen die außergewöhnlichen Trockenlandschaften, *kare-sansui*. Sie wurden fast schon zu einem Synonym für japanische Gartenkunst, vor allem die berühmten Trockengärten Ryoan-ji und Daisen-in. Der Zen-Buddhismus bereicherte die bereits hoch entwickelte Kunst der Gartengestaltung durch größere Präzision und Disziplin und beeinflusst sie bis heute sehr stark. Man braucht nicht in den Geheimnissen des Zen bewandert zu sein, um die ungewöhnliche Schönheit, den Stil oder die abstrahierten Naturansichten in den Gärten zu schätzen.

Gegenüber Seit der Garten des Ryoan-ji-Tempels 1499 angelegt wurde, haben sich Künstler, Philosophen und Zen-Mönche immer wieder intensiv mit ihm befasst. Zu der Komposition aus 15 Steinen in einem Rechteck aus Sand mit einer von Bäumen überragten Öl- und Lehmwand als Kulisse pilgern alljährlich Hunderttausende.

Oben Zen-Mönche legten nicht nur Gärten von einnehmender Schlichtheit an, sie interessierten sich auch für die Welt der gelehrten chinesischen Einsiedler. So schufen sie im Geiste des Zen Teehäuser und Teewege, die als Begegnungsstätten für ihresgleichen inmitten einer weltlichen Gesellschaft dienten.

Zen und der Teegarten

Auch bei der Entstehung des Teegartens spielten Zen-Mönche eine große Rolle. Tee wurde von ihnen anfangs getrunken, damit sie während langer Meditationsphasen wach blieben. Über kurz oder lang avancierte das Getränk zwangsläufig zu einem wichtigen Bestandteil buddhistischer Rituale und Zeremonien. Es war also nur eine Frage der Zeit, bis die Zen-Priester – Gärtner und Teetrinker in einem – die beiden Disziplinen zusammenführten.

Zen und der moderne Garten

Beim Anlegen eines Gartens im Zen-Stil oder auch eines Teegartens sollte man sich auf die Einflüsse besinnen, die zu ihrer Entstehung geführt haben. Viele zeitgenössische Gärten bestehen aus einigen wenigen Felsen, einer Lage Sand oder Kies, einer Bambuspflanze oder einer Kiefer und werden als sehr japanisch oder, noch schlimmer, als typisch Zen-Garten angesehen. Das trifft allerdings nur zu, wenn jegliches Überflüssige fehlt und kein Element dominiert. Trockengärten im Zen-Stil oder Teegärten müssen von einer Atmosphäre der Reinheit und Zurückhaltung durchdrungen sein. Nur wer dieses Prinzip begreift, sollte einen solchen Garten in Angriff nehmen. Imitationen können zwar den Stil eines japanischen Gartens grob nachempfinden, doch sind ihnen nicht unbedingt die Wesenszüge eigen, auf die ein Zen-Gartenkünstler Wert legt. Das heißt allerdings nicht, dass das Anlegen von Trocken- oder Teegärten ohne gute Kenntnis des Zen gar nicht erst möglich ist, denn die Stile haben bestimmte ästhetische Eigenschaften, die sich durchaus erfolgreich kopieren lassen.

Während die ersten Zen-Gärten im 11. Jahrhundert poetische Interpretationen der Natur waren, setzten ihre Nachfolger im 15. Jahrhundert die Motive von Landschaftsmalern meisterlich um. Beiden Ausprägungen war allerdings gemein, dass ihre Schöpfer versuchten, das Selbst und das Universum zu verstehen. Das heißt, dass man das Banale, Offensichtliche und Übertriebene ebenso zu vermeiden trachtete wie unnötige Ablenkungen und den übermäßigen Einsatz von Farben. Priorität hatten die sieben Grundsätze der Zen-Ästhetik: Asymmetrie, Einfachheit, strenge Erhabenheit, Natürlichkeit, Beschaulichkeit, Tiefe und das Fehlen von Beiwerk. Das galt auch für andere Kunstformen wie Kalligrafie und Dichtung.

Gegenüber Der Zen-Mönch Shunmyo Masuno zählt zu den großen Gartenkünstlern unserer Zeit. Sein Trockengarten mit Naturfelsen und Sand in der kanadischen Botschaft in Tokio ist eine Hommage an die Vergangenheit und dennoch durchwirkt von kühnen Elementen der Moderne.

Unten Im selben Garten wurden Naturfelsen durch Platten aus gestrahltem Bruchstein ersetzt und mit Felsfragmenten gruppiert. Der Berg und die leere Fläche sind typische Elemente eines Zen-Gartens.

Architektur und Gestaltung

Der Ausgangspunkt bei der Gestaltung eines Gartens ist stets das Haus. Das gilt besonders für Japans Gartenarchitekten. Bis zur Edo-Zeit (1603–1868) entwickelten sich sämtliche großen Gartenstile in den Städten. Das Aussehen eines Gartens wurde durch Hauptgebäude, Höfe, Eingänge und Grundstücksgrenzen vorgegeben.

Das Verhältnis zwischen Garten und Bauwerken ist im Westen ein ganz anderes als in Japan. Im Westen werden Form und Details der Gebäude in der Gestaltung des Grüns aufgegriffen, vor allem in formalen Gärten. In japanischen Gärten hingegen setzt man auf den Kontrast zwischen der Geometrie der Bauwerke und den Formen der Natur.

Obwohl Trocken- und Hofgärten oftmals in einen rechteckigen, von Mauern begrenzten Grundriss gezwängt werden, erinnern sie eher an Gemälde in einem Bilderrahmen. In anderen japanischen Gartentypen rückt man mit Felsen, Steinen, Kiefern und Bambussen sehr nah an die Gebäude heran. Obwohl Azaleen oder Kamelien manchmal zu geometrischen Wuchsformen geschnitten werden, um die Architektur zu betonen oder sogar aufzugreifen, bevorzugt man in der Regel doch eher die Asymmetrie und dynamische natürliche Formen.

Shakkei

Viele alte Häuser und Tempel haben Veranden mit Pfosten, die das Dach abstützen, aber auch die Sicht auf den Garten einrahmen. Den Blick auf die Anlage draußen kann man mit der Betrachtung eines Gemäldes vergleichen. Die Kunst der Rahmung bekommt eine noch größere Bedeutung, wenn sich eine Fernsicht bietet, etwa auf den Fujisan (Fudschijama) bei Tokio oder den Berg Hiei unweit von Kyoto. Ihr Miteinbeziehen wird *shakkei* oder »geborgte Landschaft« genannt, war früher aber unter der poetischeren Bezeichnung *ikedori* bekannt, was so viel wie »lebendig gefangen« heißt. Dabei handelt es sich um mehr als nur die Unterstreichung einer schönen Aussicht vom Haus aus. Man versuchte, hervorstechende Landschaftselemente unmittelbar in die Gartenkomposition zu integrieren.

Die meisten westlichen Gärtner, die eine Pflanzung im japanischen Stil anlegen möchten, haben zwar kein japanisches Haus, aber vielleicht Veranden, Schiebetüren nach draußen oder Gartengebäude, sodass eine ähnliche Interaktion zwischen Architektur und natürlichen Formen möglich ist wie im klassischen japanischen Garten.

Überblick

Die japanischen Gebäude der Nara- und Heian-Zeit waren wie ihre Gärten mehr oder weniger Kopien der chinesischen Vorbilder. Schon in der Heian-Zeit aber kristallisierte sich die japanische Vorliebe für die natürliche Struktur von Holz heraus, während in China in leuchtenden Farben bemalte Häuser vorherrschten. Auch waren die Dächer in Japan nicht ganz so geschwungen wie ihre chinesischen Gegenstücke.

Links Der heilige Berg Hiei im Hintergrund ist fester Bestandteil des Shoden-ji-Gartens, der sich von der Tempelveranda aus überblicken lässt. Die Einbeziehung von Elementen jenseits der Gartengrenzen wird *shakkei* oder »geborgte Landschaft« genannt.

Der vorherrschende Baustil aristokratischer Behausungen während der Heian-Zeit wurde *shinden* genannt, wörtlich »Schlafhalle«. Der Hauptraum, *shinden,* befand sich in der Mitte eines quadratischen Gebäudes mit zwei angrenzenden Seitenflügeln für die Konkubinen und Frauen. Von diesen beiden Flügeln aus führten ein östlicher und ein westlicher Korridor nach Süden in den Hauptgarten. Zwischen den beiden Korridoren erstreckte sich ein offener Hof mit Sandboden für Zeremonien und Lustbarkeiten. Durch einen Bereich des Hofs schlängelte sich manchmal ein Bach bis zum Hauptteich.

Am Ende der beiden Korridore befanden sich Pavillons, die in der Regel nach ihrem Hauptverwendungszweck benannt waren. Der Pavillon zum Fischen stand oft auf Pfählen über dem Hauptteich, konnte aber genauso gut von Musikern genutzt werden. Ein weiterer Pavillon überspannte den Brunnen oder die Quelle, die den Teich speiste.

In den nächsten 200 Jahren kamen kleinere, ausgefeiltere Stadtresidenzen auf. In der Muromachi-Zeit hatten Mönche und Samurai bereits eine ausgeprägte Vorliebe für den *Shoin*-Stil entwickelt, benannt nach dem Alkoven in einer der äußeren Wände des Hauptgebäudes. Der *shoin* war mit Papierwänden versehen, durch die Licht drang, um ein speziell entworfenes Regal, ein Schreib- oder ein Lesepult zu erhellen. Er diente als eine Art Bibliothek oder Studierzimmer, mit dem die Krieger und Äbte ihren Eintritt in den Kreis der Geistesmenschen bzw. Gelehrten zum Ausdruck brachten. Man begegnete dem neuen Baustil in vielen Tempeln und Häusern. In Letzteren aber konnte man den Garten auch von Veranden und Schiebetüren aus betrachten.

Oben Im Trockengarten des Tofuku-ji mit seinem Ensemble aus *hojo* (Haus des Abtes), umgebenden Mauern und geharkten Sandflächen ist schwer auszumachen, wo das Gebäude aufhört und der Garten anfängt. Die in den 1930ern entstandene Anlage greift einmal mehr das Motiv der mystischen Inseln auf.

Das Teehaus enthielt zwar ebenfalls einige Elemente des *Shoin*-Stils, allen voran den Alkoven, ansonsten aber waren diese Gebäude etwas rustikaler gehalten. Das japanische Teehaus, das ursprünglich »Bergplatz in der Stadt« genannt worden war, vereinte in sich vielmehr den urwüchsigen Reiz strohgedeckter Hütten, *soan*, mit dem deutlich ausgefeilteren städtischen Architekturstil, dem *shoin*. Diese Mischform zählt bis auf den heutigen Tag zu den beliebtesten Stilen japanischer Teehäuser und Gartengebäude.

Im Alkoven des Teehauses, dem *tokonoma*, präsentierte man Kunstwerke, insbesondere kalligrafische Schriftrollen und Gedichte, neben einfachen Blumenarrangements in ländlichem Stil.

Rechts Hier gewähren Schiebetüren aus Reispapier *(shoji)* im Isui-en, Nara, einen Blick von einem mit *tatami* ausgelegten Teeraum nach draußen. Die quadratische Türöffnung und die geometrischen Linien des Gebäudes treten in Wechselwirkung zu den krumm gewachsenen Stämmen der Fächerahorne *(Acer palmatum),* unter deren herbstlich gefärbtem Laubdach sich ein Blick auf den Wandelgarten auftut. Zwischen Polstern aus geschnittenen Azaleen, Prachtglocken *(Enkianthus)* und einer Zwergform der Japanischen Rotkiefer *(Pinus densiflora* 'Umbraculifera') windet sich ein Sandweg um einen Teich. Die klassischen Elemente von Wandelgärten der Edo-Zeit sind Wege um ein Gewässer, Laubengänge, Teehäuser und sorgfältig komponierte Ansichten, die sich von verschiedenen Aussichtspunkten bieten. Oft wurden malerische Ansichten von Landschaften in China und Japan in den Gärten im Postkartenstil nachempfunden.

Gestaltungsprinzipien verstehen

Man muss nicht unbedingt das Wesen japanischer Gärten verstehen, um sich an ihrem Anblick zu erfreuen. Wenn man aber einen solchen Garten mit Erfolg selbst anlegen möchte, sollte man schon hinter die Kulissen blicken und die zugrunde liegende Philosophie verstehen.

Japanische Gärten sind trotz der Vielfalt ihrer Ausprägungen, angefangen von Teich- und Bach- bis hin zu Trockengärten, nach westlicher Vorstellung kleine, sorgsam kultivierte, stark stilisierte Anlagen mit geschnittenen Sträuchern, Felsen und steinernen Artefakten wie Laternen, Pagoden und Buddhas. In Wirklichkeit haben die schönsten japanischen Schöpfungen größere Dimensionen als viele Stadtgärten in unseren Breiten, und Artefakte spielen eine ziemlich unerhebliche Rolle. Was zählt, sind das Wesen des Gartens und die Art und Weise, wie die unterschiedlichen Elemente in harmonischer Beziehung zueinander stehen.

Das Wesen der Natur

Der Reiz vieler japanischer Gärten liegt in der großartigen Interpretation der Natur begründet. Im 11. Jahrhundert erfreute man sich an der poetischen Schönheit von Blumen und Kirschblüten: eine Geisteshaltung, die heute nicht mehr vorherrscht, aber noch nachwirkt. Beim Anlegen eines japanischen Gartens muss man sich immer auch die Verehrung der Japaner für Gottheiten vergegenwärtigen. So sollte man den malerischen Ansichten in der Natur eine gewisse Wertschätzung entgegenbringen, etwa dem offenen Meer, dem Lauf eines Bachs oder einer in Nebel gehüllten Bergkette. Mit anderen Worten: Man sollte den Geist des *yugen* (»verborgene Tiefe«) zu schätzen wissen, das Gefühl, dass etwas Großartiges die Seele berührt. Dazu braucht man eine gesteigerte Empfindsamkeit der Natur gegenüber. Wenn man beispielsweise einen Teich anlegt, sollte sein Umriss dem eines natürlichen Sees entsprechen. Die gleiche Haltung ist auch bei der Gestaltung eines Wasserfalls, eines Ufers oder einer Felsenlandschaft hilfreich.

Zwar sind Wasser und Steine die Grundlage des Gartens, doch spielt das Aussehen von Gebäuden und anderen Artefakten eine wichtige Rolle in der sorgfältig austarierten Beziehung zwischen dem Natürlichen und dem von Menschen Gemachten, was sich etwa in den polierten, aber mit rohem Gips gefüllten Holzpaneelen des Teehauses oder den Holzpfosten, an denen noch die Borke haftet, manifestiert. Nicht minder wichtig ist das *wabi-sabi*. Mit dieser wohlklingenden Bezeichnung umschrieben Teemeister die reine, einfache, von einer leichten Alterspatina geadelte Schönheit eines Objekts.

Der Wert der Asymmetrie

Symmetrie ist, anders als in vielen europäischen Gartenanlagen, in japanischen Gärten eine Seltenheit. Gelegentlich findet man einen Eingang mit geraden Wegen, die von zwei Hecken gesäumt werden, oder einen von knorrigen Kiefern gerahmten

Links Die Dachsilhouette des Großen Buddha-Tempels in Nara im Licht der Abendsonne. Tempel und Hügel sind im Garten des Isui-en »geborgt« und fester Bestandteil des Panoramas.

Links Japans Gärtner haben sich schon immer ebenso von Gemälden wie der Natur inspirieren lassen. Vor allem monochrome Tuschezeichnungen mit einfacher Pinselführung dienten den Architekten von Zen-Trockengärten als Vorbild.

Ausblick, ansonsten aber gilt Symmetrie als der Fantasie hinderlich. Ohne Symmetrie ist man gezwungen, auf eine ausgewogene Komposition, ein harmonisches Verhältnis zwischen offenen und geschlossenen Räumen und gleitende Übergänge von einem Gartenbereich zum nächsten zu achten. So wird gewährleistet, dass nichts den Blick verstellt und gleichzeitig genug Leere vorhanden ist, in der man der Fantasie freien Lauf lassen kann. Das Prinzip der fließenden Übergänge gilt nicht nur für die Grenzen zwischen verschiedenen Bereichen, sondern auch für einzelne Gartenelemente. So müssen Wege und Bäche wie in freier Natur mäandern und Teiche einen natürlichen Umriss erkennen lassen.

Vielschichtigkeit

Bei einem Blick auf alte japanische Gemälde wird die Bedeutung verschiedener Schichten für die Ausgewogenheit einer Komposition sowie das Spiel von Licht und Schatten deutlich. Früher versuchten Gärtner, sich den Blick eines Malers zu eigen zu machen und das Wesen einer Landschaft zu erfassen. Sie rahmten sie ein und unterteilten sie dann in ein harmonisches Miteinander dreier Ebenen: Nähe, Mittelteil und Ferne.

Bei der Anlage eines modernen Gartens kann man genauso vorgehen. Der Vordergrund kann etwa aus Sand oder Gras bestehen und ein Gewässer, einen Felsen oder eine Pflanze enthalten. Im Mittelteil will man vielleicht einen wirklichen oder stilisierten Teich aus Sand mit Felsen als Inselgruppen und eine verwitterte Kiefer oder einen geschnittenen Strauch platzieren. Der Hintergrund schließlich lässt sich als offener Raum mit dem einen oder anderen Fels gestalten. Als weitere Elemente kommen unter anderem eine Grotte am Ufer, eine Brücke oder ein Bach, der über einen Wasserfall in einen Teich fließt, infrage. Hinter dem Teich kann man eine Hecke pflanzen oder, wenn genug Platz vorhanden ist, einen künstlichen Hügel aufschütten, etwa mit dem Aushub des Teichs. Mit Form und Größe dieser Erhebung lässt sich eine ferne Bergkette oder sogar der heilige Berg Lu, eine buddhistische Pilgerstätte in China, aufgreifen, und eine Bepflanzung des Gipfels und der Seiten mit geschnittenen Kiefern oder Zwergformen schafft eine Illusion von Weite.

Rechts Teewege werden oft in zwei Abschnitte geteilt, wobei ein Tor den Zugang zum Garten um das Teehaus markiert. Hier ein stark stilisierter Pfad mit einem Mischbelag aus rechteckigen und unregelmäßig geformten Steinen.

Japanische Gartenstile

Die japanischen Gartenstile haben sich im Verlauf von über tausend Jahren entwickelt. In dieser Zeit gab es mehrere einschneidende Veränderungen, die zur Entstehung eigenständiger Gartenformen beigetragen haben. Da sich deren Ausprägungen allerdings stark überlappen, ist eine Abgrenzung nur bedingt möglich. Trotzdem sollen hier fünf Stile beschrieben werden, deren Unterscheidung die Planung japanischer Gärten erleichtert.

Viele Grundstücksbesitzer verfügen bei Weitem nicht über den Platz, um einen Teich-, Bach- und Inselgarten der Heian-Zeit anzulegen, doch lässt sich die Einfachheit dieser Gärten und die zum Ausdruck gebrachte Achtung vor der Natur auch auf kleinem Raum nachempfinden. Im Gegensatz zu den späteren Wandelgärten enthielten diese ausgedehnten Anlagen weder Laternen noch Teehäuser oder Trockengärten. Sie dienten allein der Erbauung und der Darstellung des Unsterblichkeitsmythos.

Gegenüber Ein Bach ergießt sich in einen Teich mit Kieselufer. Szenerie auf dem Areal der Murin-an-Villa in Kyoto, einem Wandelgarten aus dem späten 19. Jahrhundert.

Oben, von links Gäste vor dem Eingang zu einem Teeraum im Nanzen-ji-Tempel; ein *tsukubai* im Nijo-Schloss; das Eingangstor zu einem Teegarten im Nijo-Schloss.

Zu den bekanntesten japanischen Gartenstilen gehört der Trocken- oder Zen-Garten mit seinen kleinen, oft umschlossenen Sandflächen, aus denen sich ein, zwei Felsanordnungen erheben. Er orientiert sich zwar an der Zen-Philosophie und an alten japanischen Tuschezeichnungen, doch wirkt er in seinem Minimalismus ausgesprochen modern. Trockengärten eignen sich oft für Flächen, auf denen ein herkömmlicher Garten fehl am Platz wäre.

Teegärten haben heute noch eine ebenso große Bedeutung wie im 16. Jahrhundert, lassen sich jedoch nur schwer authentisch gestalten. Wenn man sich ein wenig mit der Philosophie befasst, die der Teezeremonie zugrunde liegt, kann man einen solchen Garten aber durchaus überzeugend nachbilden.

Nach dem Trockengarten ist der Wandelgarten, eine Mischung aus allen vorangegangenen Stilen, die bekannteste japanische Gartenform. Er bietet sich insbesondere für größere Flächen an. Die meisten Wandelgärten umfassen einen kleinen zentralen Teich und einen Rundweg, der sich durch Kirschhaine windet, Brücken überquert, zu Teehäusern und Laubengängen führt und immer wieder Blicke auf den Teich gewährt.

Der Hofgarten enthält wie der Wandelgarten viele Motive anderer Stile. Als kleinster der japanischen Gärten ist er oft einfach gehalten und relativ leicht nachzuahmen: Ein, zwei Felsen, eine Laterne, ein Bambus oder eine Kiefer: Mehr ist nicht nötig. Schlichtheit und Zurückhaltung sind hier der Schlüssel zum Gelingen.

Oben, von links Reinigung hat in Japan rituellen Charakter; ein Karpfenstein *(ri-gyo-seki)* am Fuß eines Wasserfalls symbolisiert das Streben des Einzelnen; eine spannungsreiche Felsdarstellung der mystischen Inseln im Tofuku-ji.

Gegenüber Trittsteine in einem Teich im Heian-Schrein von Kyoto. Es handelt sich um wiederverwendete Brückenpfeiler und Säulensockel aus Tempeln. Die Verwendung alter Gebäudereste wird *mitate*, »neu sehen«, genannt.

Teich- und Bachgärten

Teiche, Seen und Wasserläufe sind seit je ein wesentlicher Bestandteil japanischer Gärten. Sie schaffen eine Atmosphäre der Beschaulichkeit, Heiterkeit und Ruhe. Wasser passt in jeden noch so kleinen Garten, wenngleich man mit einem großen Teich oder Bach natürlich wesentlich mehr Wirkung erzielt.

Wer einen zeitgenössischen Teich- oder Bachgarten gestalten möchte, kann sich bei einem Blick in Japans Vergangenheit Anregungen holen. Zu den wenigen erhaltenen Teich- und Inselgärten aus dem 12. Jahrhundert gehört der Motsu-ji. Sein großer, von formalen Irisbeeten und spannungsreichen Felsarrangements gesäumter See kann noch bewundert werden, von seinen Palast- und Tempelkomplexen indes ist nichts mehr zu sehen. Zum Glück findet man genügend Spuren des ursprünglichen Motsu-ji, um sich ein Bild von der damaligen Anlage und ihrer Verwendung machen zu können. Damals saßen die Gäste an Bächen, die sich durch Wiesen schlängelten und in einen See mündeten. Es fanden prachtvolle Gartenfeste statt, bei denen bemalte Drachenboote mit Musikern in aufwendiger Kostümierung um den See gerudert oder gestakt wurden. Mit speziellen Zeremonien erbat man sich von den Göttern Regen für die Reisfelder oder rief den Buddha Amida in seinem Paradiesgarten an.

Die weitläufigen Seen glitzerten im Licht der Sonne, des Monds und der Sterne. Trauerweiden wiegten sich an ihren Ufern und spendeten Schatten. Vögel belebten in dieser betörenden Szenerie das Grün, und im Wasser tummelten sich Fische. Die Seen hatten ein Kieselbett und wurden von Stränden aus silbrigem Sand gesäumt, hinter denen sich sanft gewellte, von Bäumen und Sträuchern bewachsene Hügel als Kulisse entlangzogen. Im Gegensatz zu späteren Wandelgärten enthielten Teichgärten keine Teehäuser, Laternen oder Wasserbecken, wie man sie heute allenthalben findet. Stattdessen waren sie von Inseln durchsetzt, die man bisweilen durch Brücken miteinander verband.

Teichgärten blieben in Japan stets beliebt. Je kleiner sie wurden, desto komplexer und facettenreicher gestaltete man den Umriss der Gewässer und desto ausgefeilter und malerischer fielen die Felsgruppen am Ufer aus. Zwanglose Spaziergänge wären den Damen der Heian-Zeit wegen der üppigen Gewänder unmöglich gewesen. Die späteren Teiche der Kamakura- und Muromachi-Zeit allerdings waren zu klein für Bootsausflüge und bekamen stattdessen einen festen Platz in den ersten echten Wandelgärten, einem japanischen Gartenstil, auf den noch eingegangen wird. Die meisten dieser Teich- und Bachgärten

Links Ein Weg führt um einen naturnahen Teich im Garten des Goldpavillons (Kinkaku-ji). Diese Anlage aus dem 14. Jahrhundert wurde nach dem Vorbild früherer Teichgärten geschaffen. Das Gewässer enthält eine ganze Reihe kiefernbestandener Inseln.

Gegenüber Die Gärten des Heian-Schreins in Kyoto entstanden Ende des 19. Jahrhunderts. Sie sollten den Geist der Gärten aus dem 10. und 11. Jahrhundert heraufbeschwören, deren Hauptteil ein großer Bootsee war. Hier hat man eine mit dem Ufer durch Granitplatten verbundene Insel mit Kiefern und einer Hängekirsche bepflanzt.

entstanden in einem von Mauern umgrenzten Areal und waren daher nicht allzu groß. Das macht es leichter, sie auf unseren heutigen kleinen Grundstücken anzulegen.

Will man einen der japanischen Gartenstile nachempfinden, sollte man sich vergegenwärtigen, dass sie aus einer verklärteren Zeit stammen, in der man zudem der Natur wesentlich mehr Ehrerbietung entgegenbrachte. Während spätere Gärten eher unter dem Einfluss von Malern und der Zen-Philosophie standen, diente bei den Teichgärten der Heian-Zeit die Natur als genaueres Vorbild.

Das *Sakuteiki* aus der Heian-Zeit nennt viele Formen von Teichen, Inseln, Bächen und Wasserfällen und gibt sogar Ratschläge, wie Bäume am besten zu pflanzen seien. Bei der Planung von Teich- und Bachgärten kann man sich durchaus noch an diesem uralten Werk orientieren. So heißt es etwa, man solle bei der Suche eines Standorts für Felsen oder bei der Wahl eines Bachlaufs dem »Wunsch« oder der »Forderung« des Steins und des Wassers entsprechen. In Japan ist man bis heute der Auffassung, dass unbelebtes Gestein eine Individualität beinhalte, die mit Respekt zu behandeln sei. Beachtet man diesen Grundsatz, erreicht man ein harmonisches Ganzes.

Außerdem muss ein Wassergarten asymmetrisch angelegt sein, selbst wenn die angrenzenden Gebäude symmetrisch sind. Das Zusammenspiel zwischen geometrischer Architektur und zwanglos-natürlichem Grün macht einen Teil der Faszination aus, die von japanischen Gärten ausgeht. Eine Schlüsselrolle spielt dabei die Gestaltung des Teichs. Sein Umriss ist entscheidend für den Reiz des späteren, fertigen Gewässers.

Schildkröte und Kranich

Ein weiteres Hauptmotiv von Teich- und Bachgärten sind Inselgruppen, die das Reich der Unsterblichen versinnbildlichen. Einige Eilande haben die Form von Schildkröten und Kranichen. Man kann diese Motive auch in einen modernen Garten einbeziehen, sollte aber bedenken, dass naturalistische Darstellungen beider Tiere in Japan selten sind. Eine Kranichinsel besteht aus einer Gruppe von Felsen, wobei ein größerer Stein in der Regel wie ein Flügel aufgerichtet ist. Bei einer Schildkröteninsel sind gelegentlich der Kopf und die Flossen erkennbar, meist aber handelt es sich um eine völlig abstrakte Kombination, die sich nur dem geübten Auge erschließt.

Schildkröten- und Kranichinseln sind keine wesentlichen Elemente von Teich- und Bachgärten, lassen sich aber durchaus in modernen Anlagen verwenden, wenn man sie mit etwas Fingerspitzengefühl einsetzt. Am besten sieht man sich dazu einige bekannte Beispiele an: Manche setzen sich fast vollständig

Gegenüber Am Moostempel in Kyoto erstreckte sich im 12. Jahrhundert ein Teich- und Bachgarten. Die Inseln waren durch Holzbrücken verbunden. Das weiche Grün der Moose und das abgefallene herbstliche Ahornlaub betonen die Beschaulichkeit dieses Refugiums.

aus Felsgruppen zusammen, andere sind aus Erde angehäufte Inseln mit Felsen, die in das Wasser hineinragen und Flossen, Schwanz oder Kopf symbolisieren. Auf keinen Fall sollten die Nachbildungen dieser Tiere zu offensichtlich sein.

Entwurf eines Teich- und Bachgartens

Das zentrale Element dieses Gartenstils ist der Teich bzw. See. Das Gewässer sollte groß und breit genug für ein kleines Boot sein, das man an einen Stein binden oder in einem offenen, verzierten Bootshaus im chinesischen Stil unterbringen kann. Der Teich sollte mindestens eine Insel enthalten. Früher hatten die Gewässer oft zwei durch Brücken verbundene Eilande. Als sie im 14. Jahrhundert kleiner wurden, ersetzte man die gebogenen chinesischen Brücken durch solche aus weniger dekorativen Materialien wie Steinen oder rohem Holz. Kleine, isolierte Inseln können mit Kiefern oder Gräsern bepflanzt werden.

Der Umriss eines Teichs wird gern durch Buchten, Strände und Grotten aufgelockert. Das »Hinterland« wiederum kann hügelig gestaltet und mit einigen Baumgruppen belebt werden. Unschwer anlegen lässt sich ein Teichgarten mit Irisbeeten und wohlbedacht platzierten Felsarrangements, eventuell auch mit einem leicht abfallenden, sandigen Strandbereich. Gibt es einen idealeren Schauplatz für eine abendliche, von Papierlaternen untermalte Sommerparty oder ein Essen mit Freunden unter freiem Himmel?

Die romantische Heian-Epoche wird in Japan generell mit viel Nostalgie betrachtet. Einen exemplarischen Einblick in diese Zeit gewährt die *Geschichte des Prinzen Genji* von Murasaki Shikibu. Dieses Werk entstand zwar schon im 11. Jahrhundert, erfreut sich jedoch nach wie vor großer Beliebtheit. Der Geist jener Zeit wurde schon im 17. Jahrhundert in der Katsura-Villa heraufbeschworen und ein weiteres Mal im 19. Jahrhundert nach der Wiedereinsetzung des Kaisers als Staatsoberhaupt. Der Gartenstil der Heian-Zeit ist also sehr alt, hat aber nach wie vor seinen festen Platz im Herzen der Japaner. Besondere Bedeutung bekommt seine naturnahe Ästhetik gerade in Japan in einer Zeit, in der die Natur so sehr bedroht ist.

Oben Kiefernbestandene Inseln im Teich des Goldpavillons. Sie sind Eilanden vor der japanischen Küste nachempfunden. Die elegant geschnittenen Bäume spiegeln sich reizvoll im Wasser.

Oben Eine weitere Kieferninsel, diesmal in der malerischen Seelandschaft des Heian-Schreins von Kyoto.

Rechts Der Teich im Garten von Tenju-an. Gewässer wie diese wurden früher für Bootsfeste genutzt, bei denen man Gedichte rezitierte, sang und musizierte. Als die Teiche immer kleiner angelegt wurden, begann man, statt Bootsfahrten Spaziergänge zu unternehmen. Die Atmosphäre der Heian-Zeit wird in der *Geschichte des Prinzen Genji* geschildert, einem Werk aus dem 11. Jahrhundert. Seither versuchen sich Gartenkünstler immer wieder an romantischen Gärten, die denen der Heian-Zeit nachempfunden sind. Ein besonders poetisches Thema jener Epoche war die flüchtige Farbe der Ahornblätter. Tenju-an, ein Teil des Nanzen-ji-Komplexes in Kyoto, wurde 1267 als Villa für einen Kaiser erbaut, der sich von den Regierungsgeschäften zurückgezogen hatte. Die Gebäude fielen irgendwann einmal den Flammen zum Opfer, woraufhin man 1602 den noch heute stehenden Tempel errichtete. Der Großteil des Gartens – eine schlichte Anlage mit zwei Teichen, zwei Inseln und Felsgruppen um einen Wasserfall – stammt allerdings noch aus dem 13. Jahrhundert.

Gartenplan | Teichgarten

Dieser Teichgarten eignet sich für große Grundstücke. Sein wichtigstes Element ist der über einen Wasserfall von einem gewundenen Bach oder einer Quelle gespeiste Minisee. Das Gewässer enthält eine Kiefern- und eine Felsinsel; eine der beiden erreicht man über eine Brücke im chinesischen Stil. Von einem Pavillon oder Bootshaus aus genießt man den Blick auf die Inseln. Pflanzungen und Felsanordnungen wirken naturnah.

So legt man eine Kieferninsel an

Eine kleine Kieferninsel wertet jeden Teichgarten auf. Man kann das Eiland zwar nachträglich hinzufügen, doch muss man dazu das Gewässer ablassen. Deshalb sollte man die Insel schon von Anfang an einplanen:

Die Abbildung unten zeigt, wie man eine Trockeninsel anlegt.

1 Einen großen Erdhügel in der Mitte des noch leeren Teichs aufschütten.

2 Das Schutzvlies und die Teichfolie über den Teichboden und die Insel legen. Ein Loch in Vlies und Folie schneiden, sodass die Erde auf der Insel freiliegt, Vlies und Folie aber noch ein gutes Stück über den Wasserspiegel ragen.

3 Die Insel mit einer weiteren Erdschicht erhöhen und sanft gewellt modellieren. Steine am Ufer auslegen, damit die Erde nicht abrutscht.

4 Da die Folie über den Wasserspiegel gezogen wurde, bleibt der Erdhügel trocken.

Kieferninsel

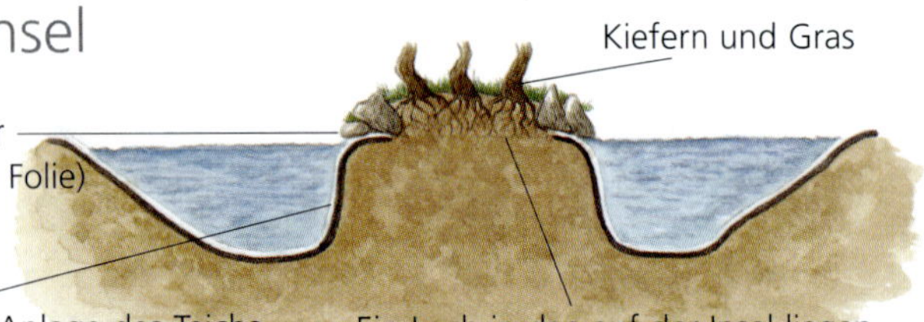

Pflanzenliste

1 Thunbergs Kiefer *(Pinus thunbergii)*

2 Japanische Zierkirsche *(Prunus-serrulata-Sorten)*

3 Fächerahorn *(Acer palmatum)*

Oben Kieferninseln werden gern Eilanden vor Japans Küste nachempfunden.

Oben Felsformationen verkörpern oft die mystischen Inseln. Diese stellt den heiligen Berg Horai dar.

Oben Gewundene Bäche sollen möglichst natürlich aussehen. Steine lenken den Lauf des Wassers.

Oben Gebäude und Brücken in Heian-Gärten greifen oft chinesische Vorbilder auf.

Trockengärten

Kare-sansui, übersetzt etwa »Trocken-Berg-Wasser«, werden Trockengärten in Japan genannt. Sand, Kies und Kieselsteine nehmen in ihnen die Stelle von Wasser ein. Man setzt sie heutzutage oft mit Zen-Gärten gleich.

An Trockengärten haben sich von jeher Gartenkünstler in aller Welt versucht. Wer das spirituelle Wesen dieser zutiefst japanischen Schöpfungen begreifen will, sollte die Grundzüge des Zen kennen oder, besser noch, Zen-Erfahrung haben. Doch selbst wenn man die spirituelle Seite ausklammert, kann die Schönheit dieser minimalistischen Landschaften begeistern. Als Quelle der Inspiration für die Einrichtung eines Trockengartens können etwa japanische Tuschezeichnungen von Sesshu dienen.

Ursprünge

Bevor wir uns mit den Hauptbestandteilen von Trockengärten befassen, lohnt sich ein Blick auf ein paar geschichtliche, künstlerische und religiöse Hintergründe, die zur Entstehung dieses Gartenstils beigetragen haben. Seine genauen Ursprünge liegen im Dunkeln. Hinweise auf Trockenlandschaften finden sich bereits im 11. Jahrhundert, doch beziehen sie sich auf die natürliche Anordnung von Felsen in Gras- oder Moosflächen. Möglicherweise standen frühe Shinto-Heiligtümer am Anfang der Entwicklung. Die Schreine von Ise etwa ragen aus riesigen, rechteckigen Kiesflächen auf. Der Kies wird alle 20 Jahre im Zuge von Reinigungs- und Erneuerungsritualen ausgetauscht. Felsen wiederum verkörpern Buddha und die buddhistische Trinität. Als Vorläufer des *kare-sansui* gelten möglicherweise die frühen Trockenarrangements des Joei-in-Tempels von Yamaguchi, wo zwischen Tempel und Teich verschiedene Steine auf einer moosbewachsenen Fläche ausgelegt waren. Diese Anlage aus der Mitte des 15. Jahrhunderts wird Sesshu zugeschrieben, dem vielseitig talentierten japanischen Maler, Mönch und Gärtner, der seinen von vertikalen und diagonalen Linien geprägten Malstil mittels abgeflachter und schräg stehender Steine auf den japanischen Garten übertrug.

Trockengärten entstanden keineswegs aus einem natürlichen Mangel an Wasser heraus, im Gegenteil: Viele Tempelanlagen um Kyoto enthalten Wasser im Überfluss. Im Ryoan-ji etwa erstreckt sich sogar gleich hinter der Mauer des Trockengartens ein großer Teich. Ihr Ursprung liegt vielmehr zum einen im Stil der japanischen Malerei begründet, deren Werke eine monochrome Gestaltung

Links Felsgruppen enthalten oft einen von kleineren Exemplaren umstandenen Hauptstein. Der zentrale Fels kann Buddha, den heiligen Berg Shumisen oder den Berg Horai der mystischen Inseln symbolisieren. Diese Steine hier stehen auf einer Moosinsel und werden von Ahorn sowie einem geschnittenen Ilex eingerahmt.

Gegenüber Der geharkte Sandkreis steht für die acht rauen Meere, die Mooslandschaft für die fünf heiligen Berge und die Felsgruppe für Eilande. Sie alle erzählen die Legende von den Inseln der Unsterblichen.

der Landschaft vorgaben, zum anderen in der Zen-Philosophie. So gehören die meisten Trockengärten zu Zen-Tempeln und basieren auf den Grundsätzen des Zen-Buddhismus sowie der Meditation.

In Zen-Tempeln wurden Trockengärten in der Regel in rechteckigen Höfen unweit des Hauptpriesterhauses, dem *hojo*, angelegt. Man kann sie durchaus als Gemälde interpretieren, die ferne Landschaften in idealisierter Form darstellen und von einem rechteckigen »Rahmen« eingefasst sind. Mit der Zeit allerdings wurden sie nicht mehr als von Naturlandschaften abgeleitete »Gemälde« gesehen, sondern als Werke, mit denen die Grundsätze der Zen-Lehre veranschaulicht werden konnten. Im Zen-Buddhismus findet der Schüler zu seinem wahren Ich, indem er den Blick nicht mehr auf die materielle, sondern auf die spirituelle Welt richtet. Durch Meditation wird das Erleben von »Leere« möglich, eines körperlosen Zustands des Nicht-Ichs, den Zen als das eigentliche Gesicht des Menschen definiert. Die Zeit, die man in diesem Zustand verbringt, ist eine Art geistiger Erneuerung. Die »meditative Leere« lässt sich mit den nicht bemalten Flächen einer Leinwand oder einer geharkten Sandfläche in einem Trockengarten vergleichen. Wo Laien in einem Zen-Garten Inseln im Ozean oder nebelverhangene Berggipfel sehen, erkennen Eingeweihte eine Widerspiegelung des unendlichen Raums, der tief in uns verborgen liegt. Viele Zen-Künste setzen bewusst Räume ein, um den Betrachter zu dieser Art der Selbsterkenntnis zu führen.

Ryoan-ji

Der Ryoan-ji in Kyoto ist ein zeitloses Beispiel für die außerordentliche Kunstfertigkeit und Geisteshaltung von Malern, Mönchen und Gärtnern im späten 15. Jahrhundert, als der Garten wohl entstand. Sein rechteckiger Hof wird auf drei Seiten von einer ölgetränkten Lehmmauer begrenzt; auf der vierten befindet sich das Haus des Hauptpriesters, vor dem sich eine 75 cm hohe

Unten Im ausgehenden 15. Jahrhundert schuf Sesshu einige der ersten *kare-sansui* überhaupt. Im Joei-in griff er zu einem ungewöhnlichen Stilmittel: Er setzte die Steine in das moosige Gras zwischen dem Tempel und dem Teich.

Rechts Der Ryoan-ji in Kyoto während der Kirschblüte. Die frei gebliebenen Sand- oder Kiesflächen in Zen-Gärten verweisen auf das Erleben des »gedankenlosen Bewusst-Seins«, das ein Ziel des Zen ist.

Veranda entlangzieht. Der Garten hat ungefähr die Größe eines Tennisplatzes und wird sauber von blaugrauen Ziegeln umrahmt. Über den gesamten inneren Raum ist feiner, silbrig grauer Quarzsand verteilt. Er wird täglich der Länge nach geharkt, sodass sich parallele Linien abzeichnen. Dieses Sandmeer bildet die »Leinwand« für 15 Steine, die zu fünf moosgesäumten Gruppen in der Anordnung 5-2-3-2-3 zusammengefasst sind. Dieser Zahlenkombination kann man im gesamten Fernen Osten begegnen; sie findet sich sogar in Musikrhythmen und buddhistischen Gesängen. In unmittelbarer Umgebung der Steininseln sind die parallelen Linien im Sand unterbrochen; die Furchen bilden dort Kreise, vergleichbar mit Wellen, die an das Ufer schlagen.

Die magische Anordnung der Steine hat viele Generationen von Besuchern in ihren Bann gezogen, darunter nicht nur Mönche, Dichter und Gartenkünstler. Dabei kennt niemand ihre genaue Bedeutung. Einige beschreiben sie als Tigerin, die ihre Jungen über einen Fluss bringt, andere sehen in ihnen Berge im Nebel oder Inseln im Meer. Ein Grund für diese schwere Deutbarkeit könnte darin liegen, dass die Zen-Gärtner von damals vermutlich von einer anfänglichen konkreten Vorstellung ausgingen, sich später aber auf universelle Wahrheiten und abstrakte natürliche Formen konzentrierten.

Bei der Anlage eines eigenen Trockengartens sollte man darauf achten, dass die Anordnung dem »Wunsch« der Steine selbst entspringt. Die Felsen müssen keineswegs eine besondere Form haben und sollten auch nicht als eine Art Skulptur kunstvoll arrangiert werden.

Gestaltung

Beim Anlegen eines Trockengartens stellt man sich zuerst eine ferne, von Nebel eingehüllte Berglandschaft, ein Flüsschen mit Wasserfall oder ein steiniges Ufer vor. Man beobachtet, wie Bäche und Flüsse fließen oder wie Wellen sich an Steinen brechen, und lernt so, sich beim Harken von Mustern im Sand am Vorbild der Natur zu orientieren. Sobald in Gedanken ein Bild entstanden ist, filtert man das Wesentliche heraus und minimiert es. Die leere Fläche ist ebenso wichtig wie Objekte oder Pflanzen. Dieser Minimalismus hat zahlreiche zeitgenössische Gartenarchitekten zur Nachbildung von Trockengärten in modernem, urbanem Ambiente inspiriert. Im Übrigen entstanden ihre Gegenstücke von früher oft in Haushöfen und nicht nur in Zen-Tempeln. Für eine einfache Komposition genügen schon ein oder zwei Felsen, eine Steinlaterne, ein kleines Gewässer und ein Bambuszaun in einer Sandfläche.

Trockengärten bestehen nicht nur aus Sand und Stein, sondern enthalten auch Pflanzen. Im Garten des Shoden-ji-Tempels im Nordwesten von Kyoto hat man anstelle von Steinen polsterförmig geschnittene Azaleen in mehr oder weniger derselben Anordnung wie im Ryoan-ji eingesetzt. Sie werden so stark zurückgeschnitten, dass sie nur spärlich blühen, denn Form ist in diesem japanischen Gartenstil wesentlich wichtiger als Farbe. Ein Vergleich mit den monochromen Gemälden, die bei ihrer Anlage als Vorbilder dienten, macht deutlich, warum Farbe nur wenig oder überhaupt keine Bedeutung hat, während Komposition und Raum vorrangig sind.

Trockengärten sind auf den ersten Blick zutiefst japanische Schöpfungen, doch ihr karger, minimalistischer Stil spricht alle Menschen gleichermaßen an und wirkt zudem ausgesprochen modern. Wenn man einmal begriffen hat, wie die Anlagen des 15. Jahrhunderts entstanden, kann man neue, ansprechende Variationen der immer gleichen Grundzüge ersinnen, die durchaus an die eigene Kultur und die dort üblichen Materialien und Landschaften angepasst sind.

Links Über zwei Drittel des 1264 angelegten Trockengartens Nanzen-ji in Kyoto bestehen aus Sand. Die restliche Fläche wird von dieser Gruppe aus Felsen und Sträuchern eingenommen. Die imposanten Steine sind so zusammengestellt, dass das Wesen des Gesteins zum Ausdruck kommt. Im Grunde erinnert dieses Element eher an die Trockengärten des 17. Jahrhunderts als an die sorgfältig komponierten Gruppen ihrer Vorläufer aus dem 15. Jahrhundert. Als Gegengewicht zu dem großen Fels auf der linken Seite dienen die Kamelie und der Stein zur Rechten, während die Steinplatte in der Mitte und die geschnittenen Azaleen eine Verbindung zwischen ihnen schaffen. So entsteht ein entspanntes, elegantes Bild, das von einer etagenförmig gewachsenen Japanischen Rotkiefer, der rundlichen Kamelie sowie der Tempelarchitektur und den Hügeln im Hintergrund vervollkommnet wird.

Gartenplan | Trockengarten

Der beste Ort für einen Trockengarten ist ein Hof mit Mauern oder Zäunen, die den Garten umrahmen wie ein Rahmen ein Gemälde. In Trockengärten steht Sand für Teiche, Bäche und das Meer, und Steine können wie ein Wasserfall arrangiert werden. In der Zen-Philosophie sind diese Trockengärten mit der Geistesleere gleichzusetzen, die Ziel der Meditation ist und stets durch eine reine Sandfläche verkörpert wird. In vielen Versionen findet man gar keine Pflanzen, doch kann man durchaus eine kunstvoll platzierte Kiefer, eine geschnittene Azalee oder einen Mooshügel integrieren. Der Garten sollte stets von einer Aura der Zurückhaltung durchdrungen sein.

Wie man Steine in Kies setzt

1 Die passenden Steine auswählen und in den Garten transportieren, am besten mit einem Minibagger oder einem kleinen Traktor mit Frontlader.
2 Man kann die Steine mit Drahtseilen oder Ketten heben, am schonendsten sind Bänder aus Nylon oder Segeltuch. Drahtseile lassen sich allerdings leichter unter dem Stein hervorziehen, während man Nylon- oder Segeltuchbänder manchmal sogar ausgraben muss, um sie herauszubekommen. In Japan werden auch häufig Dreifüße und Flaschenzüge verwendet.
3 Welcher Teil des Felsens sichtbar und welcher im Erdreich verborgen sein soll, hängt von seiner Form ab. Ein hohes, aufrechtes Exemplar muss tiefer eingegraben werden als ein breites, flaches. Es sollte so viel wie möglich vom Stein zu sehen sein, gleichzeitig aber muss man den Eindruck bekommen, er stecke tief im Erdreich.
4 Das Loch etwas tiefer als nötig ausheben, um den Hauptstein mit kleineren Steinen darunter und seitlich abzustützen. Den Stein aufrecht halten und in die optimale Lage bringen.
5 Den Stein möglichst in unterschiedlichen Lagen und Winkeln platzieren, bevor die Seile oder Bänder entfernt werden. Wirkt der Stein auch wirklich natürlich?
6 Um den Stein und die Stützsteine Erde in das Loch füllen. Lehm ist fester als lockeres Erdreich oder gar Sand.
7 Kontrollieren, dass der Stein auch wirklich fest steht.

Oben Japanische Aprikose *(Prunus mume)*

Oben Als Bepflanzung eignet sich der Bambus *Phyllostachys nigra*, der nicht zu mächtig wird.

Oben Sandwellen »schlagen« gegen die Gartenbegrenzung – ein reizvoller Kontrast.

Oben Mooshügel brauchen viel Wasser, damit sie frisch und grün bleiben.

Einsetzen von Steinen in Kies

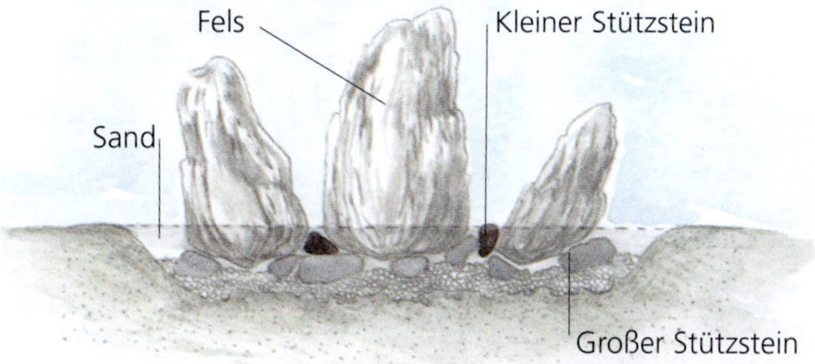

Pflanzenliste

1. Thunbergs Kiefer *(Pinus thunbergii)*
2. Zierkirsche *(Prunus spec.)*
3. Geschnittene Azalee
4. Schwarzer Bambus *(Phyllostachys nigra)*

Teegärten

Mit ihrem unverwechselbaren Aussehen und der zugrunde liegenden Philosophie fügen sich Teegärten heute wie schon im 16. Jahrhundert bestens in ein urbanes Ambiente ein. Jedes ihrer Elemente – ob Trittsteine, Laternen, Wasserbecken, ja sogar die Teehäuser selbst – lässt sich problemlos aus modernen Materialien fertigen.

Wer das Wesen von Teegärten erfasst hat, kann bei der Planung seiner Kreativität freien Lauf lassen, genau wie die großen Teemeister vor 300 Jahren. Während der eine Meister ein naturnahes Aussehen bevorzugte, entschied sich der andere für eine Mischung aus künstlichen und natürlichen Bestandteilen. Diese Vielseitigkeit ist der Grund, warum Teehäuser und -gärten nie ganz verschwunden, sondern vom 17. Jahrhundert bis zum heutigen Tage immer populär geblieben sind, unter anderem auch als Bestandteil von Wandel- und Hofgärten.

Der Siegeszug des Tees

Das aus China eingeführte Getränk wurde am kaiserlichen Hof schon seit dem 9. Jahrhundert genossen, aber erst ab dem 13. Jahrhundert begann man, Tee in Japan selbst anzupflanzen. Der buddhistische Mönch Eisai brachte bei seiner Rückkehr von einer Pilgerreise nach China angeblich nicht nur die Zen-Lehre mit, sondern auch einige Teepflanzen.

Die Mönche tranken Tee, um bei ihren stundenlangen Meditationen wach zu bleiben. Gegen Ende des 15. Jahrhunderts wurde das belebende Getränk auch bei Gelehrten, Dichtern, Samurai und Händlern beliebt. Zen-Priester und Intellektuelle bereicherten das Teetrinken um neue Aspekte wie Zen-Buddhismus, Dichtkunst, Töpferei und Kunstkontemplation. So entstand die sogenannte »Teezeremonie«, ein Ritual, das den einfachen Vorgang des Trinkens zur hohen Kunst erhob. Um die Mitte des 16. Jahrhunderts hatten sich Teezeremonien, -häuser und -gärten bereits als fester Bestandteil der japanischen Kultur etabliert.

Teehäuser

Das Ritual des Teetrinkens fand überwiegend in Teehäusern statt. Bei deren Gestaltung orientierten sich die ersten großen Teemeister des 16. Jahrhunderts an den Gebirgsklausen chinesischer Weiser. Diese Einsiedler waren in Kunst, Philosophie und Religion

Gegenüber Das wichtigste Element eines Teegartens ist der Pfad zum Teehaus. Auf diesem Pfad durchschreitet der Gast in zwangsläufig gebückter Haltung ein niedriges Tor. Es führt in den inneren Garten um das Teehaus.

Rechts Der Stil des *roji* oder Teepfads veränderte sich im Lauf der Jahrhunderte. War er anfangs naturnah und einfach, so begann man ihn mit der Zeit kunstvoller und komplexer zu gestalten, wie diesen hier im Nanzen-ji. Als Belag wurde eine Mischung aus Kopfsteinen, rechteckigen sowie runden Platten und dem Sockel einer Tempelsäule gewählt.

bewandert. Allerdings erwählten Japans Meister nicht die Berge zum Standort, sondern Hintergärten in Kyoto, Nara oder der Hafenstadt Sakai unweit des heutigen Osaka. Bei den Gärten, die diese sogenannten »Bergrefugien in der Stadt« umgaben, handelte es sich anfangs um einfache Wege. Sie symbolisierten den Pfad, den Pilger auf ihrem Weg zu den Weisen in ihren Einsiedeleien nahmen. Der Teegarten oder *roji,* was »taufeuchter Weg« oder »taufeuchter Boden« bedeutet, soll an die Pfade in die Berge erinnern und enthält zahlreiche Elemente von hoher Symbolik.

So betritt man Teegärten in der Regel über ein Haupttor, durch das Gäste in den äußeren *roji* gelangen. Dann werden sie zumeist gebeten zu warten, bis der Gastgeber sie tiefer in den Garten zum Teehaus führt. Unterwegs kommen sie in der Regel durch ein Tor, das absichtlich niedrig gehalten ist, damit die Gäste es in gebeugter Haltung durchschreiten müssen. Daneben steht oft eine Steinlaterne. Diese bewusst herbeigeführte Demutshaltung soll den Geist auf den Übergang von der »materiellen« Welt, die man zurücklässt, zur höheren, reineren Bewusstseinsebene, die im Teehaus erreicht wird, vorbereiten.

Hat der Gast das niedrige Tor durchschritten, kommt er in das innere *roji*, das das Teehaus umgibt. Dieser Teil des Gartens war die »Wildnis«, die der unberührten Berglandschaft in der Umgebung der chinesischen Einsiedlerklause entsprach. Nun waschen die Gäste Hände und Mund in einem niedrigen Becken, dem *tsukubai*, zu dem man sich wiederum hinunterbeugen muss. Das *tsukubai* ist niedriger als das *chozubachi*, das eher neben den Veranden des Haupthauses aufgestellt wird. Weil viele Teezeremonien am Abend stattfinden, steht neben dem *tsukubai* häufig eine Laterne.

Nach dem Waschen begibt sich der Gast ins Teehaus. Er zieht seine Schuhe aus und betritt das Gebäude durch eine kleine,

Ganz oben links Eine Wartehütte im Chikurin-in, einem Teegarten einige Kilometer vor Kyoto. Diese Art von Unterstand befindet sich am Anfang eines Teepfads. Hier versammeln sich die Gäste, bevor sie zum Teehaus geleitet werden.

Links Ein *tsukubai* oder Wasserbecken, in dem sich die Gäste vor dem Gang ins Teehaus waschen. In der Regel ist direkt neben dem Wasserbecken eine Laterne aufgestellt.

Gegenüber Eine von Juteschnüren gehaltene Bambuswand zwischen zwei Ästen. Vor der Stufe ziehen die Gäste ihre Schuhe aus.

durchschlupfähnliche Öffnung, das *nijiriguchi*. Diese Tür war früher so klein, dass kein Samurai mit umgehängtem Schwert eintreten konnte. Deshalb finden sich in manchen Teehäusern auch spezielle Schwerthalterungen, auf denen man die Waffen ablegte.

Bau und Materialien

Das Teehaus war oft als rustikale, strohgedeckte Hütte konstruiert, für die man allerdings feinstes, geschliffenes Holz verwendete. Elegante Strohmatten, *tatami* genannt, bedeckten den Boden. Nach dem Eintreten konnte der Gast ein der Jahreszeit entsprechendes Blumenarrangement und eine dazu passende Schriftrolle in einer Nische bewundern. Anschließend begann die Teezeremonie. Die Rustikalität des Teehauses verband sich mit der ausgefeilten Privathaus- und Tempelarchitektur zu einer gänzlich neuen Formensprache.

Unten Ein Teehaus im Toji-in mit schlichten, natürlichen, aber gekonnt verarbeiteten Materialien. Teehäuser stehen oft versteckt in Hainen, doch gewähren Schiebetüren einen schönen Ausblick auf den Garten.

Persönlichkeiten

Als größter Teemeister gilt der im 16. Jahrhundert lebende Sen no Rikyu, der einen Hang zum Rustikalen und Rohen hatte. Seine Nachfolger – darunter Furuta Oribe und Kobori Enshu, die im frühen 17. Jahrhundert wirkten – entstammten der Kaste der Samurai und bevorzugten eher bearbeitete Materialien. So waren Teepfade im 17. Jahrhundert häufiger mit formstrengen, rechteckigen Trittplatten oder Mühlsteinen ausgelegt. Auch das Aussehen der Teehäuser veränderte sich; die Bescheidenheit wich einer verfeinerten, offeneren Gestaltung. Später errichtete man anstelle von Teehäusern sogar Teelauben, in denen man das Zeremonialgetränk mit Blick auf den Garten zu sich nehmen konnte. Die Ästhetik wandelte sich zwischen Muromachi- und Edo-Zeit nach und nach vom *wabi-sabi*, der »verwitterten Einsamkeit«, zu einem verspielteren Stil, dem *asobi*.

Unten Im Teehaus oder Teeraum befindet sich eine spezielle Nische, *tokonoma* genannt. Diese ist mit einem einfachen »ländlichen« Blumenarrangement und einer Schriftrolle verziert.

Oben Teezeremonien können auch unter freiem Himmel stattfinden, so wie hier mit einem Empfang an einem Lacktisch. Gartenzeremonien wie diese laufen oft in zwanglosem Rahmen ab. Meist wird den Gästen dabei Essen und traditioneller geschlagener grüner Pulvertee (Matcha) gereicht.

Rechts Teegärten sind in der Regel etwas naturnäher gestaltet. So stehen immergrüne Sträucher mit glänzendem Laub, wie Kamelien, Aukuben, Stechpalmen und Mahonien scheinbar planlos herum. Allerdings schneidet man sie regelmäßig, damit sie nicht zu groß werden.

Gestaltung

Bei der Gestaltung eines eigenen Teegartens kann man sich entweder für eine simple Ausführung mit ein paar Steinen, Bambusbüschen, Natursteinbelägen und Bambustoren entscheiden oder ein ausgefeilteres Design wählen. Auf jeden Fall gilt es einige ästhetische Regeln zu beachten. So sollte ein Teegarten Tore, Wasserbecken und Laternen enthalten. Ebenso muss eine gewisse Aufmerksamkeit für Details erkennbar sein – und natürlich die für alle japanischen Gärten charakteristische Reinlichkeit. Das Teehaus selbst kann relativ traditionell gehalten sein und ein strohgedecktes Dach sowie Schiebetüren aufweisen. Ein Shogun ließ sich als Symbol seiner Macht sogar ein transportables, vollständig vergoldetes Teehaus anfertigen. Kurzum: Der Besitzer eines Teegartens kann das Leitmotiv nach seinen Zielsetzungen und Vorlieben variieren.

Gartenplan | Teegarten

Ein Teegarten hat auf nahezu jedem Grundstück Platz. Sein wichtigstes Element ist der Pfad aus Trittsteinen hinter dem Haupttor. Er führt an einer Wartehütte, Laternen und Wasserbecken vorbei zum Teehaus. Unterwegs geht man durch mindestens ein weiteres Tor. Je näher man dem Teehaus kommt, desto wilder sollte der Garten wirken. Diese Naturnähe wird allerdings eher symbolisch zum Ausdruck gebracht.

So baut man ein *tsukubai*

Zu den symbolträchtigsten Elementen des japanischen Gartens gehört das *tsukubai*, ein mit Wasser gefülltes Steinbecken, in dem sich Besucher vor dem Betreten des Teehauses die Hände waschen. Es besteht in der Regel aus einem ausgehöhlten Stein, doch kann man auch andere Gefäße, etwa einen Steintrog, verwenden.

1 Als Standort wählt man ein kleines, ebenes Fleckchen im Garten. Dafür reicht schon eine Fläche von der Breite des Behälters, der in den Boden versenkt wird (etwa ein Eimer).

2 Eine Grube ausheben, in die der Wasserbehälter hineinpasst. Zwischen Behälter und Erdwand sollte noch etwas Spielraum sein. Den Rand der Grube etwas absenken, damit Wasser von hier aus wieder in den Behälter zurückfließen kann.

3 Den Boden der Grube mit einer Lage Sand bedecken. Den Wasserbehälter in die Grube stellen, der Rand des Behälters muss sich etwas unterhalb des abgesenkten Grubenrands befinden. Den Behälter mithilfe einer Wasserwaage ausrichten.

4 Die Lücke zwischen Behälter und Grubenwand mit Erde ausfüllen und mit einem Pfosten oder Besenstiel feststampfen.

5 Die Umgebung glatt harken und alle Steine entfernen, den Wasserbehälter säubern.

6 Einen biegsamen Schlauch an eine Wasserpumpe anschließen und durch ein 60–90 cm hohes Bambusrohr am Rand des Behälters schieben. Das Ende in ein weiteres Bambusrohr stecken, das oben am senkrechten Rohr angebracht ist. (Man bekommt solche Wasserspeier aus Bambus in der Regel im Fachhandel.) Die Pumpe in den Behälter auf einen Sockel aus zwei Ziegeln oder Steinplatten stellen.

7 Teichfolie über den leicht abgesenkten Rand und den Wasserbehälter ziehen und ein Loch hineinschneiden, dessen Durchmesser 5 cm kleiner ist als der des Behälters.

8 Ein verzinktes Metallgitter über Wasserbehälter und Folie legen, den Behälter mit Wasser füllen.

9 Das Steinbecken an den Rand des Metallgitters stellen. Es muss etwas über den Rand nach innen ragen, damit das Wasser über die Steine in den Behälter zurückfließen kann.

10 Die Pumpe testen, Pumpleistung, Wasserspeier und Steinbecken gegebenenfalls justieren, damit das Wasser aus dem überlaufenden Becken in den Behälter zurückfließt. Zum Schluss das Gitter mit Steinen abdecken.

Oben Die Gäste bleiben in der Wartehütte, bis der Gastgeber sie ins Teehaus führt.

Pflanzenliste

1 *Enkianthus perulatus*
2 Geschnittene Azalee
3 Herbstblühende Kamelie *(Camellia sasanqua)*
4 Segge *(Carex)*
5 Himmelsbambus *(Nandina domestica)*
6 Japanische Rotkiefer *(Pinus densiflora)*
7 Thunbergs Kiefer *(Pinus thunbergii)*
8 Fächerahorn *(Acer palmatum)*
9 Farne

Oben Ein Zaun mit einem Tor unterteilt diesen Teegarten in zwei Bereiche.

Oben Neben dem *tsukubai*, dem Steinbecken, steht immer eine Laterne.

Bauen eines *tsukubai*

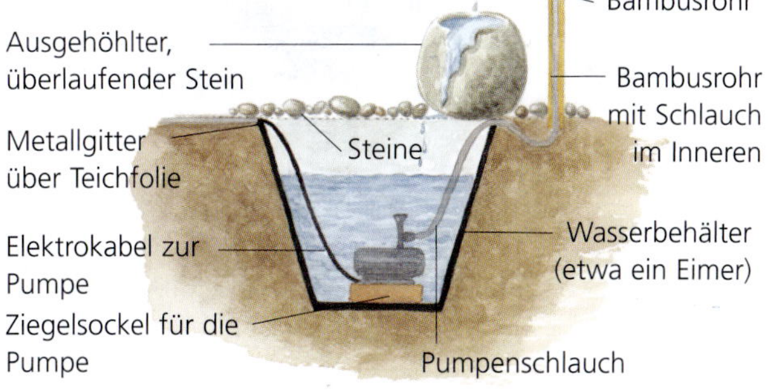

Wandelgärten

Ein Wandelgarten lockt den Besucher zu Spaziergängen auf Pfaden, die für gewöhnlich um einen Teich oder See herumführen. In Japan ist dieser Gartentyp zwar schon seit dem 14. Jahrhundert bekannt, so richtig populär aber wurde er erst während der Edo-Zeit im 17. Jahrhundert.

Im Gegensatz zu den früheren Teich- und Bachgärten, die meist für Bootsfahrten genutzt wurden, enthielt ein Wandelgarten Wege. Sie schlängelten sich zwischen bislang unüblichen Gartenelementen hindurch, vorbei an Teehäusern und -lauben, Laternen, Brücken und Nachbildungen berühmter japanischer oder chinesischer Sehenswürdigkeiten, die ausschließlich zur Erbauung des Betrachters arrangiert worden waren.

In den meisten Wandelgärten spielten Felsen eine weit weniger dominierende Rolle als in den Gärten der Kamakura- und Muromachi-Zeit, unter anderem deshalb, weil Steine in der neuen Hauptstadt Tokio wesentlich seltener zu finden waren als in der Umgebung von Kyoto. Daher griffen die Gartengestalter stärker auf geschnittene Sträucher zurück und belebten ihr Grün mit spannungsreichen Formen. Der Formschnitt von Gehölzen, *o-karikomi* genannt, ist eine hohe, bis heute praktizierte Kunst. Man modellierte Sträucher zu Hecken und kleinen, rundlichen Hügeln oder große Gruppen immergrüner Gewächse zu abstrakten Formen. Meist verwendete man Azaleen und Kamelien, doch eignen sich als Formschnittgehölze auch viele andere immergrüne Arten und sommergrüne wie *Enkianthus*, die sich im Herbst feurig rot färben.

Fanden Steine Verwendung, reihte man sie bisweilen an Teichufern wie Perlen auf oder verwendete sie als Trittsteine für Wege und Bachquerungen. Bei einigen handelte es sich um Reste von Bauwerken, etwa um Säulensockel, alte Brückenpfeiler oder Mühlsteine. Die Wiederverwertung solcher Fragmente wird *mitate*, »neu sehen«, genannt.

Gegenüber Ein Meer aus geschnittenen Azaleen ist charakteristisch für Wandelgärten der Edo-Zeit. Ein paar Steine bereichern das Grün, doch sind sie seltener als in älteren Gartenstilen.

Verspieltheit

Die Ästhetik der Wandelgärten aus der Edo-Zeit war weniger »spirituell« geprägt als die der Trocken- und Teegärten früherer Epochen. Eine gewisse Verspieltheit *(asobi)* kam ebenso zum Tragen wie der Wunsch nach einem üppigeren, beeindruckenderen Grün. Japanische Gartenbesitzer waren stolz auf ihren Kunstsinn. Gleichwohl wirkten diese Wandelgärten nicht prahlerisch, da in ihnen, wie übrigens auch in den Teegärten, nach wie vor eine gewisse Zurückhaltung und kultivierte Schlichtheit vorherrschten. Diese Zurückhaltung in der Gartengestaltung wurde *shibumi*, »ernst« oder »streng«, genannt, was sich auf die ausgeprägt minimalistische, unprätentiöse und verhaltene Schönheit der Anlagen bezog. Zeitgenössische japanische Gärten sind ebenfalls oft von *shibumi* durchdrungen.

Obwohl einige Gärten der *daimyos*, der Feudalherren, mehr oder weniger imposant wirkten, gab es auch Versionen, die Pflanzen, Wasser und Architektur zu einem zauberhaften, verspielten Ganzen vereinten. Ein Wandelgarten konnte 20 Hektar oder auch 25 Quadratmeter groß sein. Durch gekonnten Einsatz von Raum und Wegführung erscheinen kleine Flächen wesentlich ausgedehnter, als sie tatsächlich sind. Ein gängiger Kunstgriff in japanischen Gärten ist die Technik des *shakkei*, der »geborgten Landschaft«, also das Einbeziehen weit jenseits der Gartengrenzen liegender Hügel und Burgen in die Gartenkomposition.

Der Wandelgarten zählt zu den beliebtesten japanischen Gartenformen, unter anderem deshalb, weil er viele Elemente anderer Stile enthält wie etwa Wege aus Trittsteinen, Laternen, Wasserbecken und Teehäuser, Sandflächen mit ein, zwei Steinen in der Nähe des Hauptgebäudes, Bäche, Kaskaden und Teiche oder auch Bambuszäune und Brücken in allen Variationen.

Romantik

In den Jahren nach dem Sturz des Tokugawa-Shogunats am Ende der Edo-Periode und der Wiedereinsetzung des Kaisers als Staatsoberhaupt in der Meiji-Zeit kehrte man zur romantischen Gartengestaltung der 1000 Jahre zurückliegenden Heian-Epoche zurück. Einige Wandelgärten aus dem späten 19. Jahrhundert sind von einer weichen, naturnahen Aura durchdrungen und enthalten Wasserläufe, die Bächen aus bewaldeten Bergen nachempfunden sind. Dieser Stil spricht den westlichen Betrachter stärker an als die früheren, sehr formalen und gestutzten Wandelgärten.

Unten Der Garten des Tenryu-ji war im 14. Jahrhundert der erste Teichgarten mit Wandelpfaden. Allerdings stand damals noch die natürliche Anordnung von Steinen im Vordergrund.

Unten Blühende Azaleen im Wandelgärtchen des Shisendo-Tempels in Kyoto, einer schlichten Anlage mit Sandwegen, Azaleenkugeln und einem kleinen Teich mit Schwertlilien.

Links Ein früher Wandelgarten aus der Edo-Zeit. Das spannungsreiche Felsarrangement versinnbildlicht die Macht des Shoguns Tokugawa Ieyasu, der den Garten im Nijo-Schloss von Kyoto anlegen ließ.

Ausblicke

Wandelgärten sind zwar dazu da, dass man in ihnen herumspaziert, doch sollen sie auch vom Haupthaus oder einer Laube aus einen schönen Anblick bieten. Traditionelle japanische Häuser hatten erhöhte Veranden, von denen aus der Blick über eine bis zum Teich verlaufende Sandfläche schweifte. Am Rand fand man oft geschnittene Azaleen und den einen oder anderen Stein. Über das gegenüberliegende Ufer ragten manchmal Kiefern, deren Äste von Pfosten gestützt wurden. Auf aufgeschütteten Hügeln stand eine schön gearbeitete Laterne als eine Art Leuchtturm, die vom Schnee bedeckt besonders hübsch aussah. Der Teich enthielt ein, zwei Inseln oder auch nur einen Fels, der aus dem Wasser ragte.

Bäche

Wandelgärten enthalten einen Bach, der in einen Teich mündet. Seine breite Mündung überquert man auf Trittsteinen aus Naturstein oder geometrischen Platten. Brücken können aus einem einzigen behauenen Granitstein bestehen oder als gebogener, gelegentlich nach chinesischer Manier rot lackierter Holzsteg das Wasser überspannen; in naturnäheren Gärten findet man auch Brücken aus Baumstämmen oder naturbelassenem Stein. Der Bach sprudelt an seiner Mündung über Kiesel in den Teich und wird weiter aufwärts immer schmaler. Von Farnen und Seggen gesäumt, drängt er sich zwischen Felsen hindurch oder ergießt sich über einen Wasserfall. Wer das Glück hat, ein leicht abfallendes Grundstück zu besitzen, kann einen Bach anlegen, der den »Wünschen« der Landschaft entspricht. Doch auch wenn das Areal eben ist, kann man die Illusion einer Berg- oder Hügellandschaft schaffen, in der der Wasserlauf auf scheinbar natürliche Weise entspringt. Meist braucht man dafür eine Pumpe, die das Wasser wieder nach oben befördert, vor allem wenn im Teich Fische wie Koi- und andere Karpfen schwimmen. Das Gewässer sollte nicht zu tief sein, damit die Tiere noch gut zu sehen sind. Vorteilhaft sind außerdem Buchten und geschützte Stellen, in denen die Fische bei großer Hitze oder Kälte Zuflucht finden.

Der Pfad zum Teehaus

Falls ein Teehaus geplant ist, muss der Besucher so geführt werden, dass ihm Trittsteine, Bambuszäune und Tore den Weg weisen. Dieser muss an Laternen und Wasserbecken vorbei zum Teehaus führen. Teelauben sind offener als Teehäuser, da man sie für zwanglose Zusammenkünfte nutzt, bei denen die Gäste einen schönen Blick auf den Garten genießen. Man kann dem Garten auch einen strohgedeckten Schirmpavillon oder ein sechseckiges Sommerhäuschen im chinesischen Stil hinzufügen. Gelegentlich führen Wege auch durch Kirsch- oder Ahornhaine mit Moos als Unterpflanzung.

Gestaltung

Wandelgärten enthalten zwar zahlreiche Elemente, doch lenken diese nur selten vom Ganzen ab. Bei den Komponenten kann es sich um einen Weg, einen Teich, ein paar geschnittene Sträucher, eine Laterne und einige Bäume wie Ahorn, Kiefern oder Kirschen handeln. Es besteht keinerlei Zwang, den Garten zu »verzieren«, wie es im Westen üblich ist. Selbst wenn den Wandelgärten die Spiritualität anderer japanischer Stile fehlt, so hat man sie doch nach den ästhetischen Grundsätzen der Harmonie gestaltet. Zudem sind sie Naturlandschaften oder berühmten Sehenswürdigkeiten nachempfunden. Bei der Planung einer Anlage sollte man sich auf einen ansprechend geformten Teich und einen interessanten Weg konzentrieren, statt wahllos »japanische« Gegenstände zu verteilen und Sträucher zu schneiden.

Oben Die Azaleen im Garten der Murin-an-Villa sind zu abstrakten Formen geschnitten und scheinbar willkürlich über den Garten verteilt. Auf Kalkböden kann man Buchs und Ilex statt Azaleen verwenden.

Rechts Eine Laterne auf einem in das Wasser hineinragenden Fels dient als »Leuchtturm«. Laternen werden entlang den Wandelpfaden oft strategisch günstig neben Toren oder am Fuß von Erhebungen aufgestellt. Das Chinaschilf *(Miscanthus)* wächst in freier Natur in Japan auf Brachland.

Rechts Der aus dem 19. Jahrhundert stammende Garten der Murin-an-Villa ist voller Illusionen. Die beiden wild anmutenden Bäche, die sich durch Wiesen schlängeln und sich im Vordergrund vereinen, wirken fast wie Flüsse, die sich durch »Hügel« aus Azaleen zwängen. Der gesamte Garten erscheint riesig, denn er »borgt« sich die fernen Berge und integriert sie in seine Szenerie. Kaum zu glauben, dass diese kleine beschauliche Anlage keineswegs auf dem Land zu finden ist, sondern auf drei Seiten an geschäftige Großstadtstraßen angrenzt, die allerdings von Mauern und einem Wall aus Kiefern und Ahornbäumen hervorragend kaschiert werden.

Gartenplan | Wandelgarten

Für einen Wandelgarten braucht man kein großes Grundstück. Als Mittelpunkt dient in der Regel ein kleiner Teich. Er wird umrundet von einem Pfad, der unter anderem einen Pavillon im chinesischen Stil streift. Von dort aus genießt man den Blick auf einen Kirschhain, Wasserfälle und Irisbeete, eine Brücke aus Naturstein und eine von Blauregen überwucherte Laube. Geschnittene Sträucher erinnern an ferne Hügel.

Einen Bach mit Wasserfall anlegen

Es gibt zwar vorgefertigte Elemente, doch mit einer Teichfolie und ein paar Steinen gestaltet man seinen Wasserlauf naturnäher und realistischer.

1 Lauf und Breite des Bachs mit Stäben abstecken. Die Stelle markieren, an der der Wasserfall entstehen soll.

2 Das Bachbett ausheben. Es sollte 20–25 cm tief sein und eine Reihe von Stufen enthalten. Das Bachbett harken und alles Scharfkantige entfernen.

3 Vom Randsockel im unteren Teich aus die Folie bachaufwärts ziehen. Sie sollte ein gutes Stück länger sein als der Bachlauf, da sie sich der Form der Stufen anpassen muss. Außerdem muss sie so breit geschnitten werden, dass sich die Enden problemlos unter Steinen am Bachufer verstecken lassen.

4 Ist die Folie locker ausgelegt, fixiert man sie mit einem Fundamentstein, der auf den Randsockel im unteren Teich gelegt wird. Er dient als Stütze für einen flachen Stein, der die Oberkante eines Wasserfalls abgibt.

5 Eine hochkant stehende Falte hinter dem flachen Stein bilden, die verhindert, dass Wasser unter den Stein sickert. Seiten des Wasserfalls mit Steinen begrenzen, damit das Wasser über den flachen Stein fließt. Lücken mit Beton füllen.

6 Am Bachufer entlang weitere Steine auslegen. Darauf achten, dass die Folie hinter den Steinen noch ein Stück hinausragt, damit man sie über die Wasserlinie nach oben ziehen kann. Die hochgezogenen Kanten der Folie zum Schluss mit Erdreich fixieren.

7 Das Ganze bachaufwärts wiederholen. Oben einen kleinen Teich ausheben, der das von der Pumpe nach oben beförderte Wasser aufnehmen kann.

Pflanzenliste

1 *Iris ensata*

2 *Wisteria floribunda*

3 Geschnittene Azalee

4 Trauerkirschen *(Prunus subhirtella 'Pendula')*

5 Fächerahorn *(Acer palmatum)*

6 Bambus

7 Rotkiefer *(Pinus densiflora)*

8 Thunbergs Kiefer *(Pinus thunbergii)*

Geschlossener Wasserkreislauf

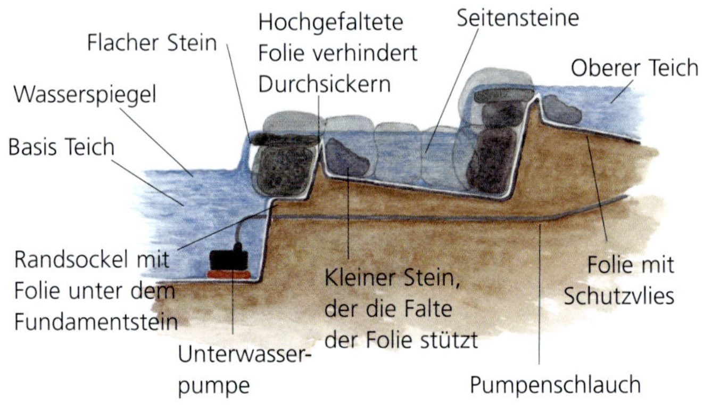

Oben Laternen können wie Leuchttürme auf Erhebungen oder Landzungen gestellt werden.

Oben Gebrauchte Materialien *(mitate)* wie diese Mühlsteine geben schöne Trittsteine ab.

Oben Kunstvoll angelegt: Wasserfälle und Bäche in Wandelgärten sollen naturnah wirken.

Oben Brücken können aus Holz oder Stein bestehen. Sehr malerisch sieht eine Steinplatte aus.

Hofgärten

Hofgärten sind schon seit dem frühen 17. Jahrhundert bekannt und haben bis heute nichts von ihrer Faszination verloren. Vor allem modernen Gartendesignern bieten die kleinen, umschlossenen Räume hervorragende Gestaltungsmöglichkeiten. Hofgärten können heute in vielen Museen, Firmensitzen und Privathäusern bewundert werden.

Schon in der Heian-Zeit pflegte man schlichte, kleine, umschlossene Areale, *tsubo* genannt, anzulegen, auf denen manchmal nur eine einzige Pflanze wuchs. Die angrenzenden Räume oder auch der Hof selbst wurden sogar nach diesem einen Gewächs benannt. So enthält der Kaiserpalast Sento Gosho in Kyoto bis heute einen Glyzinen-Hof. Die Residenzen der Samurai umfassten ebenfalls einen Hofgarten, verfeinert aber wurde die »Kunst des Hofgartens«, *tsubo-niwa*, erst mit dem Aufstieg der Händlerklasse im späten 16. Jahrhundert und während der Edo-Zeit. In den kleinen Edo-Versionen wie in den wesentlich größeren Wandelgärten derselben Zeit vermischten sich die älteren Gartenstile miteinander, doch fehlte oft der kohärente philosophische Unterbau ihrer Vorgänger. So legte man nur selten einen Teepfad an, selbst wenn ein Teegarten als Vorlage diente. Genauso wenig spielten religiöse Erwägungen eine Rolle. Stattdessen wurden die Motive und Artefakte vorausgegangener Gartenformen bar ihres Sinngehalts übernommen. War es nicht möglich, ein Teehaus zu errichten, verwendete man dafür einfach einen Raum im Haus. Der Weg

Links Hofgärten kamen im 17. Jahrhundert auf. In ihnen wurden Bestandteile älterer Gartenstile übernommen, etwa Steine und Sand aus Trockengärten oder Trittsteinwege aus Teegärten. Die Laterne und der Bambus bereichern diese Komposition um ein vertikales Element.

Gegenüber Dieser winzige Garten im Sanzen-in ist eine willkommene grüne Insel inmitten des Gebäudes. Das Licht reicht hier gerade noch für Farne, Moose und Bambus.

dorthin konnte über einen Pfad, *roji*, führen, der zunächst einen Umweg durch die Wildnis im Garten nahm, um die Illusion zu wecken, man nähere sich einem besonderen Ort.

Verborgene Räume

Durch die Isolationspolitik der Shogune verarmten im Lauf der Edo-Zeit die Feudalherren, die *daimyo,* während die Händler enorme Reichtümer anhäuften, ihnen augenscheinlich aber nicht sonderlich daran gelegen war, diesen zur Schau zu stellen. Hinter ihren bescheidenen Läden zur Straße hinaus verbarg sich eine komplexe Welt aus großen Sälen und kleinen umschlossenen Räumen, Durchgängen und Höfen. Sie waren in einem Stil namens *machiya* gehalten, der sich durch ausgesprochen geschickte Nutzung des vorhandenen Platzes auszeichnete.

Schiebetüren, kleine Zaunpaneele und Bambusjalousien machten die Betrachtung der Innengärten aus verschiedenen Blickwinkeln möglich, wobei rechteckige Tür- und Fensteröffnungen die Aussicht gleichsam rahmten. Damit verschwimmt auch die Unterscheidung zwischen drinnen und draußen. Als Japan um die Mitte des 19. Jahrhunderts gezwungen wurde, sich zu öffnen, staunten westliche Besucher nicht nur über die Wandelgärten, sie waren ebenso beeindruckt von diesen wunderschönen kleinen Stadtgärten.

Oben Der Eingang zum Silberpavillon ist ein meisterhaftes Beispiel für die gelungene Kombination von geometrischen und natürlichen Formen. Die gebeugte Rotkiefer bildet einen Kontrast zum Fachwerkrahmen der Mauern, während das Rautenmuster der Bodenplatten beweist, dass japanische Gartenarchitekten Symmetrie keineswegs scheuen, wenn sie den Gesamteindruck bereichert.

Auch die Tempelkomplexe enthielten solche kleinen Hofgärten. Dabei handelte es sich meist um einfache Trockengärten mit einem oder zwei Steinen und einem »Teich« aus geharktem Kies. Sogar Gaststätten legten ausgefeilte Hofgärten in schmalen Durchgängen an. Sie umfassten einen Weg aus Steinpflaster, der von Laternen und geschnittenen immergrünen Gewächsen wie Azaleen, Mahonien, Himmelsbambus *(Nandina)* und Bambusarten gesäumt wurde. Diese Winkel waren und sind ausnahmslos zu dunkel und klein für blühende Ziersträucher und Kirschbäume, weshalb man sich auf immergrüne Gehölze mit glänzenden Blättern, wie Aukuben, Fatsia und Kamelien sowie Schatten liebende Farne, Bambusse und Blattschmuckstauden wie *Farfugium* beschränken musste. Oft umfassten sie ferner einen Moosteppich, wie er auch in Teegärten mit schattigen Passagen und verstreuten Felsen zu finden war.

Zeitgenössische Versionen

Moderne Anlagen entpuppen sich bisweilen als höchst ausgefeilte Schöpfungen. Manche Versionen enthalten eine Vielzahl verschiedener Elemente, angefangen von Laternen, Wasserbecken und kleinen Brücken bis hin zu Kiesflächen, Felsen und Schattenpflanzen. Zäune werden entweder zur Untergliederung oder als Sichtschutz verwendet, verschlungene Spazierwege lediglich angedeutet. Neue Interpretationen wirken oft ausgesprochen minimalistisch und enthalten vielleicht sogar nur einen einzigen exzentrisch platzierten Bambushorst oder eine Steingruppe mit Farnen und Moos.

Zum Schluss sollen noch Dachgärten Erwähnung finden. Nüchterne, offene, erdlose Flächen auf Gebäuden eignen sich oft hervorragend für Trockengärten, insbesondere wenn eine Dachkonstruktion nicht tragfähig genug für Pflanzen, Töpfe, Substrate und Wasser ist. Als ideale Alternative bieten sich leichte Pflanzen, Sand und »Gestein« aus Fiberglas an.

Unten Trockengärten erfüllen einen dunklen Innenhof, in dem Pflanzen nicht überleben würden, manchmal mit überraschend viel Leben. Die Sandwellen bringen Bewegung in diese Anlage im Ryogen-in-Tempel.

Unten In den meisten japanischen Gärten wird grauweißer, feiner Quarzkies verwendet, doch hier prägt roter Kies die Szenerie. Mirei Shigemori entwarf diesen modernen Garten im Tofuku-ji-Tempel in den 1950ern.

Gartenplan | Hofgarten

Hofgärten lassen sich in den ungünstigsten Ecken anlegen, in schmalen Durchgängen ebenso wie in dunklen Winkeln. Sie enthalten oftmals Elemente anderer Gartenstile, etwa Sand und Steine aus Trockengärten oder Trittsteinpfade, Laternen und Wasserbecken aus Teegärten. Als Pflanzen eignen sich geschnittene Kiefern, Azaleen, Bambus und Farne.

Verlegen von Trittsteinen

Trittsteinpfade können aus Natursteinen, Pflasterplatten oder gebrauchten Mühlsteinen bestehen. Je nach Größe sind sie mehr oder weniger einfach zu verlegen.

1 Die Höhe des Trittsteins messen: Der Stein sollte 4–6 cm aus dem Sand oder Moos der Umgebung herausragen.

2 Dort, wo der Trittstein verlegt werden soll, ein 8–12 cm tiefes Loch graben und mit einer 6–8 cm dicken Tragschicht aus Kies oder Schotter füllen.

3 Die Tragschicht gut verdichten, dann eine 2–4 cm dicke Lage Sand darauf verteilen.

4 Trittstein auf die Tragschicht legen und mit einem Holzklotz und einem Hammer festklopfen, dabei die Oberfläche des Trittsteins nicht beschädigen. Man kann den Stein auch in Beton betten (Verhältnis Sand–Zement 8:1).

5 Sind alle Trittsteine verlegt, streut man eine 2–4 cm dicke Sand- oder Kiesschicht auf die gesamte Fläche.

6 Über die Tragschicht kann zusätzlich eine Unkrautfolie gelegt werden, allerdings verhindert sie nicht, dass ungebetene Gewächse auf dem Sand wurzeln.

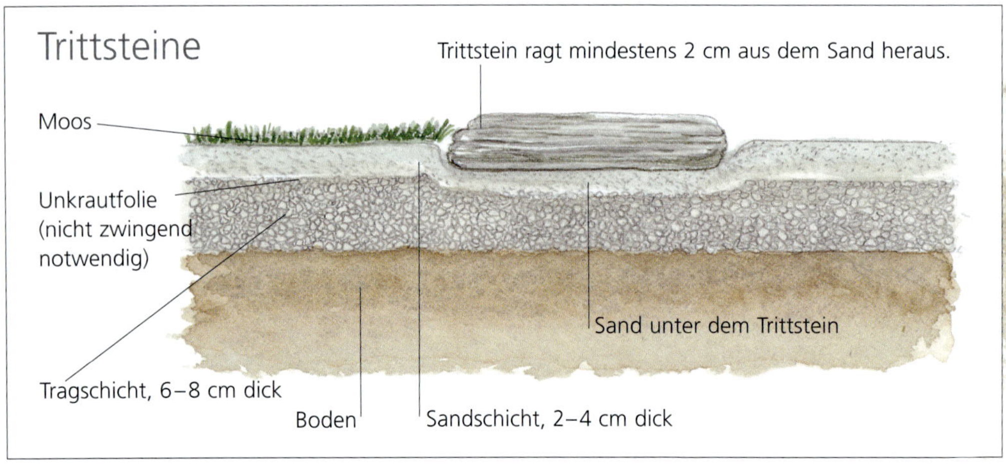

Oben Ein Sichtschutz lenkt den Blick oder rahmt eine Aussicht.

Pflanzenliste

1 Geschnittener Bambus *(Phyllostachys nigra 'Henonis')*

2 Borstiger Schildfarn *(Polystichum setiferum)*

3 Geschnittene Azalee

4 Hirschzunge *(Asplenium scolopendrium)*

5 Japanische Rotkiefer *(Pinus densiflora)*

Links Hohe Wasserbecken *(chozubachi)* werden oft so aufgestellt, dass man sie von der Veranda aus erreicht. Daneben liegen meist lange Schöpfkellen aus Metall oder Bambus. Mit einem Bambusgitter wird das Wasser abgedeckt, damit kein Laub hineinfällt.

Rechts Besonders gut sieht es aus, wenn der Pfad aus Trittsteinen von Moos gesäumt wird. Man kann die Wege bei Teezeremonien nutzen, etwa wenn die Gäste das Haus durch eine Tür verlassen und auf dem Pfad in einen speziell vorbereiteten Teeraum gehen.

Natürliche Gartenelemente

Die Natur steuert zum japanischen Garten eine Reihe unerlässlicher Requisiten bei, mit denen wir uns in diesem Kapitel näher befassen werden: Felsen, Wasser, Pflanzen und in Trockengärten Sand, Steine und Kies. Letztere enthalten zwar, wie der Name schon sagt, kein Wasser, in den meisten anderen Gartenstilen aber hat das lebensnotwendige Nass einen hohen Stellenwert, sei es in Form von Teichen, Bächen und Wasserfällen oder auch nur von einfachen Becken.

Als Sinnbilder heiliger Berge und Inseln spielen außerdem in japanischen wie chinesischen Gärten auch die von Shintoisten verehrten Felsen eine wichtige Rolle. Da man ihnen eine Seele zuschreibt, bemüht sich der Gartengestalter, ihren »Wünschen« zu entsprechen. Er muss also ein Gefühl dafür entwickeln, wie man sie am besten platziert. Ebenso versuchen sich Gartenarchitekten bei der Anlage eines Bachs oder Wasserfalls für eine Landschaft von den »Wünschen« des Wassers leiten zu lassen.

Gegenüber Die wohlüberlegte Anordnung der Steine verdeutlicht, wie sehr der Gartenarchitekt Ogawa sich an natürlichen Bächen orientiert hat.

Oben, von links Ahorn an einem Teich im Murin-an; Felsen in einem Meer aus Moos; eine Krötenlilie *(Tricyrtis)* an einem Bach mit Kieselbett.

Sieht man einmal von einigen Trockengärten ab, so sind Pflanzen ein wichtiger Bestandteil japanischer Anlagen. Die Palette reicht von Aprikosen- und Kirschbäumen über im Frühjahr blühende Sträucher und Sommerblumen bis hin zu brillant leuchtenden Laubgehölzen im Herbst und Bambussen und Kiefern im Winter.

In Zen-Trockengärten ersetzt man oft ein natürliches Material durch ein anderes: Sand imitiert Wasser, Azaleen und andere Formschnittgewächse werden für Felsen eingesetzt. In Trockenwassergärten findet man häufig Moos, Kies, Gras und Sand. Moos gedeiht im japanischen Klima sehr gut und ist ein natürlicher Bodendecker, der mehr Gestaltungsmöglichkeiten als das in westlichen Gärten so oft dominierende Gras bietet. Pflanzen gruppiert man gewöhnlich in Rabatten oder setzt sie als Solitäre ein. Moos hingegen lässt dem Gartendesigner die Freiheit, Steine, Wasser und Gewächse nach Belieben zu arrangieren. Das gilt auch für Kies. Ursprünglich kam dieses Material als Bodenbelag bei Zeremonien zum Einsatz, doch als im 15. Jahrhundert der Garten zur Kunstform erhoben wurde, verwendeten Maler-Gärtner es als Ersatz für eine weiße Leinwand und Wasser. Zudem standen Kiesflächen für die Leere des Geistes, die ein Ziel der Zen-Meditation ist.

Mit dem Aufkommen von behauenen Steinen, Beton und in geringerem Maß auch Kunststoff und Glasfaser eröffneten sich zeitgenössischen Gartengestaltern völlig neue Möglichkeiten, doch kamen auch neue Herausforderungen auf sie zu. Selbst wenn moderne Anlagen oft eine ganz eigene Strenge und Dynamik zeigen, bleibt die Achtung vor der Natur in ihrer Ursprünglichkeit weiterhin ein bestimmendes Element.

Oben, von links Diese zwergige Rotkiefer wurde so geschnitten, dass sie alt und knorrig aussieht; die Wellen der beiden Sandmeere »fließen« ineinander über; ein Bergbach, geschaffen nach dem Vorbild der Natur.

Gegenüber Ein ansprechend schlichtes Arrangement aus Bäumen, Felsen, Moos, geschnittenen Sträuchern und Sand im Trockengarten des Nanzen-ji. Eine solche Ausgewogenheit ist viel schwerer zu erreichen, als es scheint.

Felsen

Felsen bilden seit frühester Zeit das Grundgerüst japanischer Gärten. Keine andere Kultur hat ihnen in der Gartenkunst einen so hohen Stellenwert eingeräumt wie die japanische. Jeder Gartenarchitekt, der heute mit Felsen gestaltet, muss sich deshalb zwangsläufig fragen, wie sein japanischer Kollege sie platzieren würde.

Obwohl Felsen und Wasser in diesem Buch je ein eigenes Kapitel zugestanden wird, werden beide in Gärten oft gemeinsam verwendet. Die Gartengestaltung mit Felsen hat in Japan eine lange Tradition. Zunächst fanden diese in Schreinen Verwendung, später verkörperten sie die heiligen Berge. In den Trockengärten der Muromachi-Zeit (1338–1573) wurde Wasser durch Sand ersetzt, während in den Gärten der Edo-Zeit (1603–1868) geschnittene Sträucher als Symbol für Hügel und Berge an die Stelle von Felsen traten.

Spirituelle Elemente und Symbolismus

Felsen, so glaubte man, hätten eine Seele und könnten die Götter zur Erde locken. Später standen sie für die Berge, in denen die Unsterblichen lebten, oder verkörperten Buddha und seine Begleiter. Zen-Mönche lehnten den esoterisch motivierten Symbolismus ab und gedachten Steinen philosophischere, stärker von der Malerei inspirierte Rollen zu.

Obwohl Felsbrocken nach wie vor zu symbolischen Gruppen arrangiert werden, unterliegen sie auch gewissen ästhetischen Regeln. Nur ein geübtes und erfahrenes Auge kann allerdings den Sinngehalt einer symbolischen Felsanordnung entschlüsseln. Manchmal lässt sich aus einer scheinbar völlig natürlichen Gruppe eine ganze Reihe möglicher Bedeutungen herauslesen. Die japanischen Gartengestalter haben es in der Kunst der symbolträchtigen Anordnung von Felsen zu großer Meisterschaft gebracht. Das heißt allerdings nicht, dass man sich in seinem eigenen Garten nicht auch an solch einer Komposition versuchen könnte. Zwar lesen Historiker und Zen-Erfahrene in klassischen Steinarrangements komplexe Botschaften, doch muss man nicht notwendigerweise ein solch tiefes Verständnis mitbringen, um eine gelungene Szenerie zu gestalten. Schließlich lag diesen Minilandschaften aus Stein das Studium minimalistischer chinesischer und japanischer Tuschegemälde zugrunde. Man schaue sich diese also genauer an und beachte insbesondere, dass weniger mehr ist und zu viel dekorative Elemente fehl am Platz sind. Was man weglässt, ist fast wichtiger als das, was man zeigt. Keine einzelne Komponente – weder die Steine noch der Kies oder die Pflanzen – darf aufdringlich wirken und zu sehr in den Mittelpunkt rücken.

Anlegen eines Felsgartens

Gerade weil Fels und Stein in Japan einen so hohen Stellenwert haben, weiß man heute noch recht gut, wie die alten Gärten aussahen. Entsprechend kann man sich an ihnen orientieren, wenn man in seinem eigenen Garten eine Felsgruppe plant. Um 1970 legte man in der Stadt Nara 80 km südlich von Kyoto einen Garten frei, der, wie sich herausstellte, vor über tausend Jahren entstanden war. Die Steine waren überraschend natur-

Links Das Setzen von Steinen ist der kreativste Akt bei der Anlage der meisten japanischen Gärten. Selbst wenn die Felsen Symbolcharakter haben, muss man sich an ihren natürlichen »Wünschen« orientieren.

getreu um einen Teich und einen Bach arrangiert. An solchen unschätzbaren Vorlagen kann man sich heute bei der Gartenplanung ein Beispiel nehmen.

Ungeeignet sind Felsen mit unwirklichen Formen. Sie waren, abgesehen von einer kurzen Phase der Edo-Epoche, in Japan noch nie beliebt. Anders in China, wo bizarre Felsgestalten durchaus in Gärten verbreitet waren, die Steine stammten oft vom Grund eines Sees und wurden als Symbol der Unsterblichkeit auf Sockel gestellt. Japanische Gartengestalter indes waren stärker daran interessiert, das einem Stein innewohnende Wesen zu erfassen.

Bei der Auswahl von Steinen für einen japanischen Garten entscheidet man sich am besten für interessante, aber keinesfalls zu ausgefallene Exemplare. Die Steine im berühmten Ryoan-ji-Garten sind für sich genommen keineswegs bemerkenswert. Ihre suggestive Kraft liegt in ihrer Anordnung, die den aus einem See oder dem Meer herausragenden Felsgruppen nachempfunden ist. Verantwortlich dafür sind wohl die »Flussmenschen«, Angehörige einer gesellschaftlichen Gruppe von geringem Ansehen, die die Steine platzierten und nur zu gut wussten, wie Steine in Gewässern lagen. Der Ryoan-ji ist ein vorzüglicher Quell der

Oben Größe und Zahl dieser Felsen im Nijo-Schloss sollten die Macht des Jeyasu Tokugawa (1543–1616) zum Ausdruck bringen. Entstanden ist dabei eine ansprechend natürliche Szenerie.

Inspiration für alle, die einen Trockengarten anlegen wollen und Anregungen suchen.

In japanischen Gärten sind kantige Steine mit einem spitzen oder abgeflachten oberen Ende am beliebtesten. Diese Formen spiegeln die kantigen Linien in Tuschegemälden wider, kommen jedoch auch aus der Ferne betrachtet gut zur Geltung. Wenn Felsen als Symbole eingesetzt werden, etwa um die Berge Horai und Shumisen darzustellen oder Sanzon, die buddhistische Trinität, oder Kranich- und Schildkröteninseln, so müssen sie mit viel Feingefühl arrangiert werden, um durch ihre stille Präsenz zu beeindrucken. In weitläufigen Gärten, die vielleicht sogar einen großen Teich beinhalten, kann man spezielle Felsen für Brücken und Grotten oder zum Festzurren von Booten integrieren.

Auch für Wasserbecken ist Stein das bevorzugte Material. Bei der Gestaltung mit größeren Exemplaren hat man unendlich viele Möglichkeiten, doch sollte man sich nicht zu ausgefallenen Designideen versteigen, sondern dem Wesen des Steins Rechnung tragen, damit eine natürliche Wirkung erzielt wird und das Arrangement mit dem übrigen Garten harmoniert.

Steine stehen in der Regel in Gruppen. Für die Chinesen hatte die Zahl Sieben wie in vielen anderen Kulturen magische Bedeutung. Man unterschied ursprünglich sieben mystische Inseln, Musik wurde in Einheiten von 7-5-3-Takten komponiert, und die Gebete an den Buddha Amida sang man nacheinander sieben, fünf und drei Mal. Im 15. Jahrhundert fasste man alle möglichen Objekte zu Fünfzehnergruppen zusammen. Die Steine im Ryoan-ji etwa sind in der Zusammensetzung 5-2-3-2-3 arrangiert.

Oben Im Konchi-in von Kyoto wird der Blick des Betrachters auf die Felsen in der Mitte dieser mehrschichtigen Komposition gelenkt. Den Vordergrund bildet geharkter Sand, den Hintergrund eine Kulisse aus immergrünen Gehölzen.

Die meisten Steinsetzungen bestehen aus einem Haupt- und bis zu fünf Nebensteinen, wobei manche die Gruppe stabilisieren, während andere eher als Verbindung zwischen den verschiedenen Bestandteilen derselben Gruppe dienen oder auch mehrere Gruppen verknüpfen. Die Nebensteine können vor, seitlich oder hinter einem Hauptstein platziert sein und ihn berühren oder in einiger Entfernung stehen, dürfen aber nie die Sicht auf ihn behindern. Nebensteine sollten möglichst so stehen, dass sie entweder einen optischen Gegenpol zum Hauptstein bilden oder dessen Form und Stellung aufgreifen. Sie begegnen der Energie des Hauptsteins damit auf eine der sieben nachfolgend beschriebenen Arten:

Empfangend Der Stein empfängt die Energie vom Hauptstein, der sich ihm entgegenneigt.
Übertragend Ein Nebenstein überträgt Energie vom Hauptstein auf die anderen der Gruppe.

Ziehend Durch Neigen bildet der Stein ein Gegengewicht zu einem Hauptstein, der sich von ihm weglehnt.
Verfolgend Der Stein steht hinter einem von ihm weggeneigten Hauptstein und beugt sich in dieselbe Richtung, als folge er dem Hauptstein.
Haltend Ein aufrechter Hauptstein wird von einem Begleiter stabilisiert.
Angreifend Der Begleitstein lehnt sich gegen einen neutralen, aufrechten Hauptstein.
Fließend Der Stein ist eher passiver als aktiver Begleiter, ist oft abgeflacht und dient als eine Art Energieleiter für andere.

Diese Kategorien sind keine starren Vorgaben, sondern beschreiben die Beziehung der Steine zueinander und geben Anhaltspunkte, was im konkreten Fall funktionieren könnte. Zugleich offenbaren sie die komplexen Beziehungen, die für eine gelungene Anordnung notwendig sind. Wirkt ein Arrangement zunächst nicht gut, kann man ihm mithilfe dieser Kategorien ein authentisches japanisches Aussehen geben.

Die bei Weitem beste Methode, sich in der Kunst des Steinarrangements zu üben, ist allerdings das Studium gelungener Beispiele. Weil Felsgruppierungen sich nie verändern, reichen als Studienobjekte auch Fotografien aus, doch sollte man bedenken, dass Anordnungen von jedem Blickwinkel aus harmonisch wirken müssen, selbst wenn sie in der Regel eine Vorderseite haben, die am meisten Beachtung findet. Besser als simples Kopieren einer bestehenden Steinsetzung ist es außerdem, kreativ zu werden, indem man nach den »Wünschen« der Felsen fragt und ihnen Rechnung trägt.

Oben rechts Der Berg Horai ist die höchste Erhebung der mystischen Inseln, weshalb er oft vom höchsten Stein verkörpert wird. Geschnittene Azaleenhecken *(o-karikomi)* bereichern die Szenerie um ein ungewöhnliches, verspieltes Element. Ein Arrangement im Garten des Raikyu-ji, einem Meisterwerk von Kabori Enshu (frühes 17. Jahrhundert).

Mitte rechts Der zentrale Stein dieser Anordnung symbolisiert Buddha. Er steht zwischen zwei untertänigen Begleitern.

Unten rechts Der hohe, oben abgeflachte Fels im Trockengarten des Ryogen-in verkörpert vermutlich den Berg Shumisen, der im Zentrum der buddhistischen Kosmologie steht.

Teiche, Bäche, Wasserfälle

Dem Wasser wohnt eine ganz eigene Faszination inne, weshalb sich die spirituelle Bedeutung seiner verschiedenen Ausprägungen im japanischen Garten unschwer erschließt. Bäche entspringen darin in der Regel Teichen oder münden in sie. Ihre Ufer werden von jeher bevorzugt für Gedichtlesungen und das Trinken von Tee oder Sake genutzt. Gern lässt man in den Wasserläufen auch Karpfen oder Koi schwimmen. Teiche wiederum enthalten oft kleine Inseln – eine Kiefer auf einem Eiland ist zu einem klassischen Wahrzeichen Japans geworden. Als drittes Wasserelement schätzt man Wasserfälle. Nach Auffassung japanischer Gärtner sollten sie so angelegt werden, dass der Mond sich darin spiegelt.

Kyoto und die japanischen Bergregionen sind mit Wasser reich gesegnet. Die Stadt wurde im 10. Jahrhundert unter anderem deshalb zur Kapitale erkoren, weil die Berge sie malerisch umrahmen, aber auch, weil ihre Flüsse nach Süden und Westen fließen. In der Geomantie verheißt der Gewässerlauf nach Süden, zur Sonne, also zum Feuer hin, Leben, Wachstum und Glück. Während den Bergen als Sinnbildern Buddhas und der Götter ein meditatives Element zugeschrieben wurde, gilt Wasser als Quell der Freude und inneren Freiheit.

Teiche und Bäche

Die ersten japanischen Gärten der Nara- und frühen Heian-Zeit enthielten gewundene Bäche, die den Haupthof streiften, bevor sie in den Hauptteich mündeten. Weil Wasser und Stein in wichtiger Beziehung zueinander stehen, wurden die Wasserläufe oft von Felsen gesäumt. Mit einem erhabenen Stein markierte man den Oberlauf eines Bachs bei seinem Eintritt in den Garten. Andere Steine folgten seiner »Aufforderung«, indem sie Position und Form des ersten Steins aufgriffen, das Wasser mal in diese, mal in jene Richtung lenkten und seine »Stimmung« auf dem Weg in den Teich mehrfach änderten. Für Wildbäche brauchte man viele zufällig platzierte Steine, die den Wasserlauf teilten und das kühle Nass durch Engstellen gurgeln ließen.

Mäandernde Wiesenbäche heißen *yarimizu*. Im Garten kann man sie zur Anlage von Feuchtgebieten mit sumpfartigen, von Schilf und Schwertlilien besiedelten Mündungen einsetzen. Der Punkt, an dem die Bäche in diesen Sumpfgarten eintreten, sollte nicht zu sehen sein; zudem muss der Wasserspiegel immer relativ hoch gehalten werden. Über die Mündung führen oft quer durch

Gegenüber Das Anordnen der Felsen, das Legen der Ufersteine und das Schneiden der Bäume erfolgen im Syoko-ho-en von Kyoto mit solcher Perfektion, dass alles natürlich erscheint und nichts mehr auf die Hand des Künstlers hindeutet. Man könnte meinen, in den Bergen zu sein und nicht mitten in Kyoto.

Rechts Ein wildromantischer Wasserfall im japanischen Garten von Portland im US-amerikanischen Bundesstaat Oregon. Im Vordergrund sieht man eine *Yatsu-hashi*-Brücke aus Holz, die sich im Zickzack durch Beete voller Sumpfschwertlilien windet.

Irisbeete im Bach- oder Teichbett zickzack verlaufende, achtplankige Brücken *(yatsu-hashi)*.

Wasserfälle

Wasserfälle sind ein weiterer wesentlicher Bestandteil von Teich- und Wandelgärten. Sie verkörpern oft die buddhistische Trinität und enthalten als zentrales Element einen großen Stein, auf den das Wasser fällt. Flankiert wird er von zwei Nebensteinen, die etwas weiter vorne stehen. Große, bedeutende Versionen wurden in Anlehnung an das chinesische Symbol für den Wasserfall, das neben Wasser auch einen Drachen enthielt, oft als Drachentor-Kaskaden bezeichnet.

Ein Stein kann so unter einem Wasserfall platziert werden, dass er einen Karpfen darstellt, der gerade stromaufwärts springt. Dieser »Karpfenstein« versinnbildlicht das spirituelle und geistige Streben des Menschen nach Vervollkommnung im Sinne der buddhistischen und konfuzianischen Deutung. Sobald der Karpfen den Wasserfall überwände, würde er sich in einen Drachen verwandeln.

Teiche

Das Wasser eines Bachs oder einer Kaskade ergießt sich letztendlich in einen Teich. In japanischen Gärten sind Gewässer kaum tiefer als einen halben Meter, damit sie sich leicht sauber halten lassen und die Fische zu sehen sind. Wenn möglich, sollte der Teich einen Abfluss haben, heißt es doch, dieser trüge böse Geister mit sich fort. Beim Bepflanzen des Gewässers mit Lotosblumen *(Nelumbo)* oder Seerosen *(Nymphaea)* sollte man darauf achten, dass das Grün nicht zu dicht wird und der Teich nicht nach ein paar Jahren verlandet.

Am Ufer kann das Wasser beispielsweise gegen eine Felsenküste mit einigen Solitären spülen, die in den Teich hineinragen, oder sich zu einem breiten Meeresarm mit Sandbank formen. Eine natürliche Sandbank, Amanohashidate genannt, befindet sich auf der Westseite der Insel Honshu. Sie ist eine der beliebtesten Touristenattraktionen des Landes und zählt zu den „drei schönsten Aussichten Japans". In vielen japanischen Gärten findet man symbolische Nachbildungen dieser Sandbank, oftmals akzentuiert durch eine Laterne, die einen Leuchtturm darstellt.

Unten Ein dünner Wasserstrahl rieselt auf einen flachen Stein. Fiele das Wasser einfach nur in den Teich, so plätscherte es nicht so angenehm und sähe weniger dekorativ aus.

Unten Ein Karpfenstein am Fuß eines Wasserfalls in den Gärten des Goldpavillons. Der Fels symbolisiert das Streben des Einzelnen, der sich in einen Drachen verwandelt, sobald er die Kaskade überwunden hat.

Die Form der Teiche sollte möglichst naturgetreu wirken und kann der Meeresküste nachempfunden sein. Ein Edelmann aus alter Zeit ließ seine Diener sogar Seetang kochen, weil ihn der Geruch an seine Kindheit am Meer erinnerte. Das Ufer kann mit Steinen oder Holzpfosten befestigt werden. Wer Teichfolie verwendet, sollte sicherstellen, dass sie vollständig von Ufersteinen, Hölzern oder Pflanzen verdeckt wird. Gelegentlich kann man Gewässern auch die Form eines Schriftzeichens geben, das etwa für das Herz oder Wasser steht. Auch eine Silhouette, deren Form entfernt an die einer Schildkröte oder eines Kranichs erinnert, ist denkbar, allerdings werden diese Tiere meist durch Inseln dargestellt.

Inseln

In japanischen Teichen werden Inseln manchmal einem der vielen Hundert felsigen Eilande in der Matsushima-Bucht bei Sendai im Norden von Honshu nachempfunden. Einige davon sind ausgesprochen klein, doch werden sie fast alle von Vegetation bedeckt, meist Kiefern, die sich in Felsspalten festhalten. Kiefern sind robuste Gehölze, die bizarre Formen annehmen können, wenn sie von salzigen Winden gebeutelt werden. In Japan verwendet man außerordentlich viel Mühe darauf, Gartenkiefern so zu schneiden, dass sie ein windzerzaustes, verwittert-knorriges Aussehen annehmen.

Neben kiefernbedeckten Eilanden findet man aber auch andere Inselformen, etwa die Fels- oder die Laguneninsel, die beide schon im *Sakuteiki* beschrieben wurden. Die Wieseninsel setzt sich aus niedrigen Steinen, Moos und Herbstgräsern zusammen, auf der Waldinsel wachsen verstreut Bäume und Gräser, und die Wolken- bzw. Nebelinseln zeichnen sich durch spärlich bewachsene Sandufer aus. Früher legte man Inseln ein kleines Stück neben der Mitte eines Teichs an. Fuhr oder ging man auf die andere Seite, entdeckte man eine Bucht, eine Grotte, einen Wasserfall oder sogar eine zweite Insel dahinter.

Oben Einer der seichten oberen Teiche im Garten der Murin-an-Villa. Inseln aus Seggen und moosbewachsene Ufer prägen sein Aussehen. Über das Wasser beugen sich Ahornbäume.

Rechts Eine zauberhafte Anlage im Hosen-in-Tempel von Ohara: Typischer kann ein japanischer Garten nicht sein. Ein offener Pfad schlängelt sich durch ihn hindurch, und Trittsteine führen über den Teich zu einem gekiesten Areal. Der Teich wird von geschnittenen Azaleen und einer Prachtglocke *(Enkianthus)* im Hintergrund umfasst, welche sich gerade rotbraun zu färben beginnt. Im Vordergrund kontrastieren die senkrechten Blattstiele des Winterschachtelhalms *(Equisetum hyemale)* mit den runden Formen der Azaleen. Der Fächerahorn hat bereits sein leuchtendes Herbstkleid angelegt und beugt sich über den Teich, während die Scheinkamelie mit gefleckter Borke weiter hinten eine verhaltenere Laubfarbe zur Schau trägt. Rechts hinten steht eine große herbstblühende *Camellia sasanqua.*

Trockenwasser

Im Mittelpunkt der frühen Trockenlandschaftsgärten standen in Moos oder Gras eingebettete Felsen. Später setzte man die Steine in Sand, Kies oder mit Kiesel ausgelegte Flächen, die Wasser nachahmen.

Die ersten beiden großen Gärten mit Steinen zwischen Moos oder Gras waren der Saiho-ji oder Moostempel und der Tenryu-ji, die beide im 14. Jahrhundert entstanden. Der Tenryu-ji hat einen berühmten Trockenwasserfall zu bieten. Er wird Drachentor-Kaskade genannt und besticht durch eine Dynamik, die der eines echten Wasserfalls in nichts nachsteht. Im Saiho-ji erwarten einen die große Darstellung einer Schildkröte und ein Hanggarten mit einer spannungsreichen Anordnung von Felsen.

Die Zen-Mönche, die solche Trockengärten anlegten, hatten erkannt, dass die Fantasie stärker von Andeutungen beflügelt wird als von allzu offensichtlichen Darstellungen. Vielleicht hätten sie es so ausgedrückt: Die Kraft der erdachten Form gebiert eine wesentlich bedeutendere Wahrheit als die, die in der Wirklichkeit gefangen ist. Das zumindest ist die Bedeutung des poetischen Begriffs *yugen*, was übersetzt etwa so viel heißt wie »der Geist der verborgenen Tiefe«.

Bäche werden im Gegensatz zu stillen Gewässern in ihrer »trockenen« Form mit Flusskieseln dargestellt, die man sorgfältig in überlappenden Mustern auslegt, um einen Eindruck des Fließenden zu vermitteln. Vervollständigt wird das Bild von einigen größeren Felsen und Brücken aus Steinplatten.

Gegenüber Im Trockengarten des Shoden-ji sind geschnittene Azaleen an die Stelle von Steinen getreten. Man hat sie in derselben 5-2-3-2-3-Anordnung gepflanzt, in der man in den Tempelgärten des 15. und 16. Jahrhunderts auch Felsen gruppierte.

Das ideale Material für Sandflächen in Trockengärten ist grauweißer Quarzkies. Er darf nicht zu weiß sein, da er sonst blendet, wenn die Sonne direkt auf ihn fällt. Seine Helligkeit kommt besonders gut im Mondlicht zur Geltung, wenn Schatten auf die in den Kies geharkten »Wogen« fallen. Wo die Wellen gegen Felsgruppen schlagen, gehen sie von geraden Linien in konzentrische Kreise über. Das Harken des Sands oder Kieses ist fester Bestandteil der täglichen Meditation der Zen-Mönche und -Gärtner. Sie benutzen dafür speziell gefertigte, 1 m breite hölzerne Harken, die Heurechen ähneln. Damit lassen sich deutliche Furchen in den Sand ziehen, die am Rand oft geringfügig höher sind. Feinerer Sand, wie er etwa im Shisendo-Tempel Verwendung findet, kann auch mit Besen aus Birkenreisern gebürstet werden.

Moderne Gartenarchitekten legen heute Trockengärten mit noch abstrakteren Formen und Mustern als früher an. Statt verwitterte, naturbelassene Felsen einzusetzen, arbeiten sie mit behauenem Stein, der aus Steinbrüchen stammt. Damit machen sie das Suggestive der Trockenlandschaft zu einem Bestandteil zeitgenössischen Designs. Bei behutsamer, ausgewogener Gestaltung von Raum und Komposition sehen diese Gärten sehr gut aus und sind obendrein leicht zu pflegen. Nicht alle modernen japanischen Gartendesigner richten sich allerdings nach Zen-Grundsätzen; viele sind zudem westlich geprägt. Dennoch wirken ihre Gärten nach wie vor sehr japanisch.

Oben Im Tofuku-ji setzte der moderne Gartenarchitekt Mirei Shigemori Sand anstelle von Wasser ein: Meereswellen, die sich an Inseln brechen.

Mitte Wellen kräuseln sich an der Oberfläche einer Plattform, die sich im Trockengarten des Silberpavillons von der Umgebung abhebt. Sie könnte aus dem 18. Jahrhundert stammen.

Unten links Die wasserlose Drachentor-Kaskade im Tenryu-ji, die aus dem 14. Jahrhundert stammt.

Pflanzen

Pflanzen haben in japanischen Gärten seit frühester Zeit eine wichtige symbolische, religiöse und romantisch-poetische Bedeutung. Mit Ausnahme der Trockengärten enthalten fast alle Anlagen mindestens eine Kiefer, einen Bambus, eine Aprikose, eine Kirsche, eine Azalee oder einen Ahorn.

Japans Berge, Flussufer und Küstenstriche sind ein wahres Pflanzenparadies, doch findet man in den von Zurückhaltung und Schlichtheit geprägten japanischen Gärten nur einen kleinen Ausschnitt der heimischen Flora wieder. Im Botanischen Garten von Kyoto wachsen zuhauf japanische Arten, die jedem westlichen Garten zur Zier gereichen würden, aber die meisten von ihnen tauchen nie in japanischen Anlagen auf.

Wenn westliche Gartenarchitekten Anlagen im japanischen Stil entwerfen, können sie oft nicht der Versuchung widerstehen und setzen zahlreiche Gewächse ein, die man in Japan nie in einem Garten finden würde, weil sie zu farbenfroh sind oder einfach nur die falsche Form haben. Diese Mäßigung heißt jedoch keineswegs, dass Japaner Pflanzen nicht zu schätzen wissen. Im Gegenteil: Sie verehren Blüten vielleicht mehr als jedes andere Volk der Erde und feiern sie förmlich, vor allem wenn sie einen jahreszeitlichen Wechsel einläuten oder mit bestimmten Festen in Verbindung stehen.

Wenn der letzte Schnee schmilzt, erheischen Aprikosenblüten mit ihrem Duft die stille Ehrerbietung ihrer Bewunderer. Auch die Kirschblüte lockt Tausende von Besuchern in die Gärten, wo sie sich unter den mit Blüten übersäten Ästen versammeln. Hohe Aufmerksamkeit wird neben Kirschbäumen auch Glyzinen, Pfingstrosen, Azaleen und Kamelien zuteil, doch stellen in Japan noch viele weitere Sträucher wie *Deutzia*, *Spiraea* und *Kerria* im späten Frühjahr ihren Prachtflor zur Schau.

Im Frühsommer haben Schwertlilien ihren großen Auftritt. Sie wachsen auf feuchtem Grund am Ufer von Teichen oder werden als geschätzte Raritäten in Töpfen gezogen. Beliebt sind ferner Stockrosen *(Alcea rosea)*, Hortensien *(Hydrangea)*, Lotosblumen *(Nelumbo)* und Prunkwinden *(Ipomoea)*, die Farbe und Vielfalt in den japanischen Gartensommer bringen. Zahlreiche Gewächse aus anderen Klimazonen vertragen zwar die schwülwarmen Monate nicht gut, wachsen und gedeihen im Frühjahr und Herbst aber umso prächtiger.

Im Herbst schlägt die Stunde der Ahorne; sie sind für diese Jahreszeit ebenso wichtig wie die Kirschbäume für das Frühjahr. Ihre leuchtenden Rottöne kontrastieren effektvoll mit dem dunklen Grün der immergrünen Kiefern und dem kurzlebigen Flor der im Herbst blühenden Kamelie *(Cameelia sasanqua)*. Ferner bereichern Buschklee *(Lespedeza)*, Ballonblumen *(Platycodon)*, Krötenlilien *(Tricyrtis)* und *Farfugium* den herbstlichen Farb- und Formenreigen.

Links Wenn die von Blüten übersäten Zweige spektakuläre Farbkaskaden bilden, erreicht der japanische Blumenkalender seinen Höhepunkt. Überall finden Feste statt, die bis weit in die Nacht dauern.

Gegenüber Im lichten Schatten der Bäume des Sanzen-in-Gartens von Ohara bei Kyoto hat man verschiedene Moosarten angesiedelt. Der samtig weiche Teppich unter den Sicheltannen *(Cryptomeria)* verbreitet eine Atmosphäre, die sich in weniger geeigneten Klimaten nur schwer heraufbeschwören lässt.

Stile

In japanischen Gärten werden die meisten Sträucher zu natürlich wirkenden Gruppen zusammengefasst oder als Solitäre gepflanzt. Geometrische Arrangements findet man ebenso selten wie Sträucher und Blumen, die, wie in westlichen Gärten üblich, wegen ihrer Textur oder Farbe gezogen werden. Stattdessen enthalten Teegärten Gewächse wie etwa Farne, die dem Grün etwas Wildes verleihen. In anderen Gärten wiederum stehen geschnittene immergrüne Sträucher im Vordergrund. Zur Vervollkommnung gebracht wurde dieser Stil im 17. Jahrhundert mit der Kunst des *o-karikomi*, des Schnitts von meist aus Azaleen und immergrünen Kamelien bestehenden Strauchgruppen zu abstrakten Formen.

Hecken sind ein weiteres wichtiges Element, für das sich die unterschiedlichsten Gehölze eignen. Manche sehen von Weitem recht einheitlich aus, setzen sich jedoch aus bis zu 20 oder mehr Arten zusammen, darunter *Elaeagnus, Pieris, Camellia, Azalea, Ficus, Aucuba, Osmanthus* und *Nandina*.

Grün dominiert in japanischen Gärten, was jedoch nicht heißt, dass man Farben und Düfte vermissen müsste. In Stadtgärten kann man Hortensien, Stockrosen, Duftwicken, Prunkwinden und von Clematis bis Azaleen alles antreffen, was draußen in Töpfen wächst.

Gegenüber Diese pagodenartige Laterne im Sanzen-in steht im Mittelpunkt des gesamten Gartens. Elegant zieht sich die Hecke einen von geschnittenen Azaleen natürlich bepflanzten Hang hinauf. Formschnitt dieser Art wird in Japan *o-karikomi* genannt.

Rechts Azaleen, Farne und Moos umlagern einen steinernen Brunnenkopf in diesem Privatgarten in Ohara. Bei der mehrstämmigen, etagenförmig geschnittenen Konifere rechts im Hintergrund handelt es sich um die in Japan in höher gelegenen Wäldern heimische Hinoki-Scheinzypresse *(Chamaecyparis obtusa)*.

Unten rechts Erhaben steht die weichnadelige Japanische Rotkiefer *(Pinus densiflora)* auf ihrer winzigen Moosinsel. Fächerahorne *(Acer palmatum)* in herbstlichem Laub geben viele Wochen lang eine facettenreiche farbenprächtige Kulisse.

Moos und Gras

Moos ist ein wichtiger Bestandteil der meisten japanischen Gärten. Allerdings brauchen Moose die richtige Mischung aus Sonne und Schatten, um zu gedeihen. In Kyoto wächst Moos wegen der hohen sommerlichen Niederschläge praktisch überall.

Die unterschiedlichen Moosarten verleihen Flächen eine schöne, samtige Textur in allen Grünschattierungen, die unter Bäumen in lichtem Schatten oft besonders hervortreten. Allerdings sollte man sich nicht von der Anspruchslosigkeit dieser Pflanzen täuschen lassen: Moos muss gepflegt und von Unkraut frei gehalten werden, damit es ansehnlich bleibt.

Gegenüber Gras hat Moos den Vorteil, dass es dem Gartenarchitekten wesentlich mehr Freiheiten bei der Platzierung von Pflanzen und Steinen lässt, denn es muss nicht gemäht werden. Wo das Klima der Entwicklung eines Moosteppichs nicht förderlich ist, kann man es allerdings auch problemlos durch einen Bodendecker wie etwa Schlangenbart *(Ophiopogon)* oder kurz geschorenen Bambus ersetzen.

Gras kommt in japanischen Gärten nur selten als Bodendecker zum Einsatz, sieht man einmal von sehr großen Arealen ab, wo man das gegen Trockenheit unempfindliche *Zoyza*-Gras ansiedeln kann. Es wurzelt tief und wird mit 8 cm Höhe relativ lang gelassen. Allerdings färbt es sich im Winter braun. An Böschungen und zwischen Steinen wird Gras in Japans Gärten jedoch ebenso sauber gestutzt wie in unseren westlichen Grünanlagen.

Kunstvoll gestaltete Elemente

Nach gängiger westlicher Vorstellung sind japanische Gärten voller Laternen, roter Bogenbrücken, Steinbecken und Bambuszäune. Zur Gestaltung einer japanischen Anlage aber gehört mehr als nur das Kombinieren dieser Elemente mit einigen geschnittenen Azaleen, einer knorrigen Kiefer und einem Bambus: Durch völligen Verzicht auf solches Beiwerk erreicht man bisweilen sogar eine wesentlich authentischere Atmosphäre, vor allem dann, wenn man die ästhetischen Grundlagen japanischer Gartenkunst begriffen hat. Dennoch verleihen diese Artefakte einem Garten Kontur und Gliederung und können zu seiner Schönheit beitragen. So gibt es Hunderte Arten von Zäunen, Laternen und Wasserbecken, die aber nicht als eigenständige Objekte eingesetzt werden, sondern vielmehr mit anderen Elementen zu einer Gesamtkomposition verschmelzen.

Gegenüber Diese Komposition im Koto-in von Kyoto zeigt, wie wenig nötig ist, um eine Atmosphäre vollendeter Beschaulichkeit zu schaffen.

Oben, von links Detail eines Bambuszauns; Steinbrücke über einem Teich; Becken, das sich aus einer Wasserleitung im Bambusrohr speist.

Japanische Gartenarchitekten befassen sich intensiv mit der Energie natürlicher Materialien. Sie wählen diese mit Bedacht aus, um sie dann harmonisch ins Gesamtbild einzubinden. Die meisten Zäune und Gartengebäude sind aus Holz, Bambus, Sisal und Schilf gefertigt, also Materialien, die durch ihre natürliche Schönheit Wirkung entfalten. Laternen und Steinbecken wiederum werden oft aus hochwertigem Stein gehauen und bewusst der Witterung ausgesetzt, sodass sie eine ansprechende Patina annehmen.

Auch Wege werden mit großer Sorgfalt und Kreativität angelegt. In der Kombination von Natursteinen und geometrisch geschnittenen Platten, Granitsteinen, alten Mühlrädern, Kopfstein, Sand und Kies kommen die Kunstfertigkeit des Menschen und die vollendete Schöpfungskraft der Natur gleichrangig zum Ausdruck. Brücken errichtet man aus rot lackiertem Holz im chinesischen Stil, aus rohem Holz oder aus gebogenen, grob behauenen Granitplatten.

Man begegnet diesen von Menschenhand gestalteten Gartenelementen in einer festen, logischen Abfolge. Beim Eintritt in den Garten durchschreitet man ein Tor und nimmt die Zäune zur Kenntnis, die die Anlage einrahmen. Pfade weisen dem Besucher vor allem im Teegarten die Richtung. Die Laternen erleuchten den Weg, und die Wasserbecken zum Waschen von Händen und Mund befinden sich in der Nähe der Teehäuser. Ziel vieler Pfade ist das Teehaus oder ein Pavillon mit schönem Blick auf den Garten. All diese Aspekte müssen beim Anlegen eines japanischen Gartens bedacht werden.

Oben, von links Wasserbecken in einem Privatgarten in Ohara; Zaunpfosten aus Bambus, von oben betrachtet; Trittsteine in einem japanischen Garten: Dachziegel trennen die beiden verschiedenfarbigen Kiesflächen voneinander ab.

Gegenüber Buddhastatuen findet man in japanischen Gärten nur selten. Dieser hier gehört zu einer sehenswerten Sammlung, die der Künstler Hashimoto Kansetsu im frühen 20. Jahrhundert in einem Bambuswäldchen zusammengetragen hat.

Grenzen

Seit Kyoto zu Beginn der Heian-Zeit (794–1185) nach einem strikten Schachbrettmuster angelegt wurde, hatten Japans Gärten ausnahmslos klar gezogene Grenzen. Das änderte sich erst während der Edo-Zeit (1603–1868), als die Gärten so groß wurden, dass ihre Außenbereiche für die Gesamtkomposition nur noch von untergeordneter Bedeutung waren.

Mauern

Die äußeren Begrenzungsmauern großer Häuser und Tempelgärten zählte man vor der Edo-Zeit zur Gebäudearchitektur. Sie hatten einen hohen Stellenwert als Gartenkulisse und waren vom Grundstück aus zu sehen. Oft errichtete man sie aus Lehm und Ziegeln und verputzte sie sauber. Die Mauerkrone war für gewöhnlich mit Zierziegeln und gelegentlich zusätzlich mit Firstziegeln gedeckt, das Tragegerüst bestand aus Holz.

Diese Art von Mauern waren imposante Gebilde und für Paläste und Tempel angemessen, doch fassten sie auch kleinere Residenzen ein. Moderne Materialien wie Natur- und Backstein kamen als Baumaterial in traditionellen japanischen Gärten seltener zum Einsatz, obwohl viele Grenzbefestigungen an Hängen von Stützmauern gesichert wurden, in deren Ritzen man gelegentlich Azaleen ansiedelte. Die Mauern um Innenhöfe waren oft niedriger als die Außenmauern, damit sie nicht die Sicht auf Bäume oder Berge in der Umgebung verstellten. Allerdings werden Mauern weder in großen noch in kleinen japanischen Gärten nach westlicher Manier für den Anbau exotischer Pflanzen und Früchte genutzt. Wenn Kletterpflanzen vorhanden waren, so wurden sie an leichten Bambusgerüsten gezogen.

Zäune

Zäune gewähren Privatsphäre und Sicherheit, sind darüber hinaus aber auch nicht zu unterschätzende Gestaltungselemente. Gerade bei Bambuszäunen stellten Japans Gärtner ihren Erfindungsreichtum eindrucksvoll unter Beweis. Sie flochten dieses höchst vielseitige Material zu großartigen Mustern, bündelten es, schnürten es mit Jute oder kombinierten es mit Ruten, Stroh und Schilf. Manche Bambuszäune haben eine rein dekorative Funktion und begleiten einen Pfad oder weisen den Weg.

Relativ häufig begegnet man ferner Hecken aus dem Kleinblättrigen Buchsbaum *(Buxus microphylla)*, immergrünen Eichen *(Quercus)*, Sicheltannen *(Cryptomeria japonica)*, Glanzmispeln *(Photinia)* und Steineiben *(Podocarpus)*. Wenn sie im Laufe der Zeit unten verkahlen, kann man dahinter einen Bambuszaun errichten.

Links Die Mauer um den Garten des Tofuku-ji-Tempels ist mit ihren vertikalen, schwarzen Holzstreben und der wuchtigen Mauerkrone aus Dachziegeln fester Bestandteil der gesamten Anlage.

Gegenüber Bambuszäune unterteilen Gärten in mehrere Bereiche, locken Besucher in eine bestimmte Richtung und lenken den Blick, wie hier in einem von Marc Keane entworfenen Privatgarten.

Rechts Ein recht aggressiv anmutender Bambuszaun mit zugespitzten Enden. Die Barriere schützt im Nijo-Schloss den Wurzelraum der Kiefer vor den Tritten der vielen Tausend Besucher.

Unten links Mit senkrechten Schilfbündeln werden in diesem eleganten Bambuszaun im Nanzen-in Baumstämme nachgeahmt.

Unten rechts Es gibt Hunderte von Gestaltungsmöglichkeiten für Zäune. Viele stammen noch aus der Kamakura-Zeit im 13. Jahrhundert. Oft zeichnet sie eine außerordentliche Liebe zum Detail aus, die auch noch den kleinsten Knoten berücksichtigt.

In der Regel belässt man Holzzäune roh und unlackiert. Manchmal wird der rustikale Eindruck sogar noch verstärkt, indem man bewusst alte, verwitterte Bretter wählt, sie in grob behauenem Zustand verwendet und sogar ankohlt.

Ein Mittelding zwischen Zaun und Mauer ist die Flechtwand. Die aufrechten Pfosten werden oft roh oder schwarz gebeizt aufgestellt. Man findet auch Zäune mit horizontalen, vertikalen oder schrägen Brettern, bisweilen gestaffelt oder mit Lücken, damit Besucher durch die Ritzen hinausspähen können.

Tore

Besondere Bedeutung haben Tore in Teegärten. Dort entstanden Anfang des 17. Jahrhunderts die ausgefeiltesten Exemplare mit dem höchsten rituellen Stellenwert. Wer heute einen Teegarten plant, tut gut daran, sich nach dem traditionellen Schema zu richten, das seit Jahrhunderten geschätzt wird. Ein Teegarten wird oft in zwei oder sogar drei Bereiche untergliedert: einen inneren, mittleren und äußeren Garten oder *roj*, die durch spezielle Tore miteinander verbunden sind.

Das Haupteingangstor *(roji-mon)* kann aus einem großen, ziegelgedeckten Torhaus bestehen oder aus einer einfachen, strohgedeckten Bambustür. Das zweite Tor, das in den mittleren oder inneren *roj* führt *(naka-kuguri)*, kann niedrig gehalten sein, sodass man es in gebückter Haltung durchschreiten oder sogar hindurchkriechen muss. Eine Variante ist mit einer am oberen Rahmen an Scharnieren befestigten Tür verbunden, die der Gast nach vorne drücken und gebückt überwinden muss. Der Gastgeber kann diese Klappe aber mit einem Bambusstock abstützen, bevor er seinen Gästen bedeutet, ihm ins Teehaus zu folgen. Das mittlere Tor gilt als entscheidender Übergang auf dem Teepfad: Indem der Gast gebückt oder kriechend hindurchgeht, lässt er die materielle Welt hinter sich und taucht ein in ein spirituelles, geheiligtes Refugium. In etlichen, vor allem kleinen Teegärten besteht das mittlere Tor lediglich aus einer niedrigen Pforte oder auch aus nichts weiter als einem Pfosten. Dennoch werden viele Gäste seine Bedeutung verstehen. Im eigenen Garten will man vielleicht nicht so weit gehen wie im Mutterland des Teegartens, doch erhöht man die Authentizität und verstärkt das Gefühl der Ehrerbietung, wenn man den Weg zum Teehaus durch eine Reihe von Bereichen untergliedert, die alle ihren eigenen Eingang haben.

Der Eingang zum traditionellen Teehaus bestand früher aus einer kleinen, ebenerdigen Schiebetür *(nijiri-guchi)*, durch die man auf Händen und Knien kriechen musste. Selbst Kaiser und Shogune waren dadurch gezwungen, den Raum in unterwürfiger Haltung zu betreten. In diesen wenigen Augenblicken in ihrem Leben mussten sie somit ihren Untertanen zwangsläufig auf gleicher Augenhöhe begegnen.

Sode-gaki

Diese Sichtschutzzäune aus Bambus und Schilf werden aus zwei Gründen errichtet: Sie lenken den Blick auf einen bestimmten Gartenbereich, und sie gewähren Sichtschutz. Deshalb werden sie oft in Restaurants verwendet, wo Gäste nicht unbedingt andere besetzte Tische im Blickfeld haben möchten, aber trotzdem die Aussicht auf den Garten genießen wollen, bei dem es sich meist um einen Hof handelt *(tsubo-niwa)*. Die kurzen Begrenzungen haben in vielen Fällen eine runde Schulter und eine Art Guckloch. Man findet sie in unterschiedlichen Ausprägungen, die sich auch für moderne Gärten eignen.

Rechts Reiser, Schilf, Holzpfosten und Bambus bilden diesen rustikal wirkenden *sode-gaki*, der an einer Hausecke errichtet wurde und den Garten untergliedert.

Wege

Anfangs bestanden die Wege in japanischen Gärten aus simplen Kies- oder Sandflächen, auf denen man um Teiche herumspazieren konnte. Mit der Zeit entwickelten sich daraus die ausgefeilten Trittsteinpfade der Teegärten, deren Steine jeder für sich genommen eine spirituelle Bedeutung haben. Einige Wege sind einfach und naturnah gehalten, andere kunstvoll und aufwendig gestaltet.

Materialien

Als in der Kamakura-Zeit (1185–1333) die ersten Wandelgärten entstanden, verwendete man für Gartenwege vermutlich eine Mischung aus Sand und Kies, wie sie auch für Zeremonien in den Höfen der Heian-Residenzen gebräuchlich war. Beide Materialien sind noch heute einfach zu bekommen. Kieswege erfordern zwar einen gewissen Pflegeaufwand, doch lassen sie sich leicht und billig anlegen. Zudem eignen sie sich für jede Witterung, was besonders im regenreichen Japan von Vorteil ist. Die Pfade brauchen allerdings gelegentlich eine Schicht frischen Kies, müssen gejätet und anschließend mit Bambusbesen gefegt werden.

Kies ist ein lockeres Material, weshalb feste Begrenzungen nötig sind. Man fasst die Pfade zum Beispiel mit Steinplatten oder Kopfstein, alten Dachziegeln, langen Randsteinen aus Granit oder angekohlten Pfostenenden ein. Auch die Trittfläche selbst kann aus Steinplatten oder Kopfstein bestehen. Für die Füllung der Zwischenräume eignet sich verdichteter grober Sand, der in der Regel rasch von Moos besiedelt wird. Wenn sich das Moos ungehindert ausbreiten kann, erobert es irgendwann einmal fast die gesamte Fläche. Das ist manchmal durchaus erwünscht, denn so entsteht ein ansprechender grüner Teppich. Moos ist zwar eher ungeeignet für Trittflächen, doch kann man auf dem weichen Untergrund vorzüglich dahinschlendern.

Gegenüber Unvermittelte Richtungsänderungen zwingen den Spaziergänger, sich auf neue Ansichten einzulassen. Dieser Weg im Koto-in setzt sich aus unterschiedlich geformten Steinplatten zusammen und wird von langen, rechteckigen Granitplatten gesäumt, eine gelungene Kombination aus formalen und naturnahen Elementen.

Rechts Der einfache, rustikale Weg aus Kopfsteinen führt durch eine naturnahe Strauchgruppe an einer eisernen Laterne auf einem Stein vorbei zu einem strohgedeckten Teehaus.

Gestaltung und Richtung

Wege sollen in japanischen Gärten die Aufmerksamkeit des Besuchers auf bestimmte Aspekte lenken und ihm mit jeder Richtungsänderung neue Ausblicke eröffnen. Schon seit der Frühzeit der Gartenkultur legt man Pfade an, die unvermittelt enden oder plötzlich eine andere Richtung einschlagen. Das zwingt zum Innehalten oder Betrachten einer Szenerie, die speziell komponiert wurde, um aus einem ganz bestimmten Blickwinkel genossen zu werden. Mit zickzackförmigen Wegen und Brücken wird dieses Konzept auf die Spitze getrieben.

Im Teegarten wurde die Kunst der Wegführung vervollkommnet. Die Teepfade – man nannte sie ursprünglich *roji*, »taufeuchter Weg« – sollen an die Pilgerwege erinnern, die Gelehrte, Maler und Zen-Mönche auf ihren Reisen nach China beschritten. Sie suchten dort berühmte Künstler und Weise auf, die häufig in Berghütten und -einsiedeleien im Exil lebten. Während der Teegast den *roji* entlanggeführt wird, macht man ihm durch Trittsteine jeden seiner Schritte bewusst. Diese Platten dienten früher allein dem Zweck, Gewässer und sumpfigen, schlammigen Boden zu überqueren. Für ihre Einführung im Teegarten war Rikyu verantwortlich, einer der großen Teemeister des 16. Jahrhunderts.

Werden auf einem Pfad zwischendurch einige größere Trittsteine platziert, braucht sich der Besucher nicht mehr so stark auf seine Schritte zu konzentrieren, sondern kann sich umsehen oder an einem Wasserbecken waschen. Die Trittsteine wurden peinlich sauber gehalten, gebürstet und sogar angefeuchtet, damit sie wie vom Bergtau benetzt aussahen. Das Besprühen mit Wasser war auch eine Willkommensgeste gegenüber den Gästen.

Im 16. Jahrhundert begannen sowohl die Teezeremonie als auch die Gartenkunst im Leben der Händler und Samurai einen immer höheren ästhetischen Stellenwert einzunehmen. Damit gewann der Stil von Teepfaden ebenfalls an Bedeutung. In den frühen Gärten gestaltete man die Wege wilder als heute und betonte eher das Verwitterte, Zerklüftete. Doch unter dem Einfluss der Teemeister wurden Steinwege mit der Zeit immer kunstvoller und ausgefeilter.

Shin, gyo und *so*

Gärten, die die Handschrift des Architekten tragen, stehen heute hoch im Kurs. Gartendesigner greifen auf eine Vielzahl Materialien zurück, mit denen sie der Anlage ihren Stempel aufdrücken können. Waren die einstigen Teewege noch mit einer Reihe zwangloser *(so)* Natursteinplatten oder in die Erde versenkter Felsen ausgelegt, kamen später Pfade mit geometrischen *(shin)* Mustern in Mode. Der Belag formaler Pfade besteht entweder aus quadratischen Platten, die von langen, rechteckigen Granitrandsteinen gesäumt werden, oder ganz in der Art der meisten westlichen Gartenterrassen aus zufällig verteilten, jedoch geradlinigen Mustern. Rechteckige oder quadratische Steine können auch in gerader Linie durch Pflanzen oder über Sandflächen führen. Eine weitere Alternative sind halbformale *(gyo)* Wege, auf denen qua-

Links Die geometrische Strenge dieses Wegs durch den Trockengarten Tenju-an wird von dem Moos gemildert. Hinter der Kiefer im Vordergrund macht der Pfad eine plötzliche Wendung nach rechts.

dratische Platten mit Kopfsteinen, Natursteinplatten und Dachziegeln als Einfassung kombiniert werden. Die Verwendung alter Dachziegel, Mühlsteine und Gebäudefragmente gilt als Zeichen des guten Geschmacks. Trittsteinwege dienen von jeher dazu, separate, oft recht unterschiedliche Gartenelemente zu verbinden. So kann der Weg beispielsweise an einem Haus mit einem Belag aus formalen Platten oder Kopfsteinen entspringen, sich dann durch ein Meer aus Sand ziehen und schließlich in einen erdigeren, moosbewachsenen »Wald« aus Ahornen und Sträuchern führen.

In manchen japanischen Anlagen, insbesondere in Trockengärten *(kare-sansui),* die in erster Linie dazu da sind, von einem bestimmten Standort wie einer Veranda oder einem Gebäude aus betrachtet zu werden, verlaufen die Trittsteinwege quer

Oben Kleine Trittsteine in einem dichten Moosteppich führen durch diesen Privatgarten in Ohara. Die kleine, angedeutete »Laterne« vor dem Baum im Hintergrund besteht aus aufeinandergeschichteten Steinen.

durch den Garten. Sie wurden früher kaum beschritten, sondern dienten Gartengestaltern eher dazu, Bewegung anzudeuten und den Blick des Betrachters auf eine bestimmte Szenerie zu lenken. War ein Weg nicht dazu bestimmt, tatsächlich begangen zu werden, sei es, um die Privatsphäre anderer zu schützen oder Teegäste daran zu hindern, zu früh den inneren Teegarten zu betreten, legte man einen kleinen runden, mit einer verknoteten Schnur umschlungenen Stein in die Mitte einer Platte. Damit gab man Besuchern zu verstehen, dass der Weg nicht frei war.

Brücken

Brücken waren in japanischen Gärten von jeher ein dominierendes Element. Anfangs bevorzugte man reich verzierte, rot lackierte Konstruktionen im chinesischen Stil, die bogenförmig über ein Gewässer führten. Später, als Inseln das Reich der Unsterblichen verkörperten, bildeten Brücken den symbolischen Übergang in jene Welt. Rot gestrichene Versionen *(sori-hashi)* werden zwar oft als Musterbeispiel japanischer Anlagen betrachtet, doch sind sie seltener anzutreffen als die aus naturbelassenen Materialien und unlackiertem Holz.

Im Tenryu-ji-Garten aus dem 14. Jahrhundert verwendete man statt der damals üblichen hochbogigen roten Holzbrücken eine Reihe flacher Natursteinplatten, die auf Felspfeilern ruhten. Spätere Gärten enthielten als Gewässerübergang behauene, zum Teil bogenförmige Elemente aus Granit. Diese Form der Brücke blieb in Japan über die Jahrhunderte hinweg populär, bis man während der Edo-Zeit ab dem 17. Jahrhundert wieder zu hochbogigen, chinesischen Versionen zurückkehrte. Man nannte diese halbkreisförmigen Übergänge auch Vollmondbrücken, denn wenn sie sich im Wasser spiegelten, ergab sich ein geschlossener Kreis. Sie waren so steil, dass man auf einer Seite Stufen hoch- und auf der anderen wieder hinuntergehen musste, um sie zu überqueren.

Yatsu-hashi

Yatsu-hashi-Brücken wurden speziell zum beschaulichen Betrachten von Beeten mit Schwertlilien erdacht, die japanische Gärtner gern an Bachmündungen anlegen. Diese Stege bestehen aus einer Reihe von Brettern, die auf kurzen, in den Grund des Gewässers getriebenen Pfosten ruhen. Sie durchziehen die Irispflanzungen im Zickzackmuster und zwingen den Besucher, immer wieder stehen zu bleiben, um die Fische zu beobachten und die Blüten zu bewundern. Einfache Übergänge dieser Art sind unschwer zu errichten, etwa über einem Feuchtbereich, in dem Sumpfpflanzen wie Schwertlilien und Seggen wachsen.

Unten Eine sehr schöne *Yatsu-hashi*-Brücke aus Planken, die auf Holzpfosten gelegt wurden. Sie führt an Iriskörben vorbei zu einem Hain aus riesigen Palmfarnen. *Yatsu-hashi*-Brücken bestehen traditionell aus acht Planken.

Unten Ein moosbewachsener Holzsteg im berühmten Moostempel Saiho-ji in Kyoto, wo angeblich mehr als 60 Moosarten wachsen. Der Pfad ist eher als Andeutung, sich auf eine gedankliche Reise zu begeben, denn zur tatsächlichen Benutzung gedacht.

Rechts Dieser riesige Bogen aus Schiefer auf dem Areal des Nijo-Schlosses ist ein beeindruckendes Symbol der Kraft. Ursprünglich war die Anlage als reiner Trockengarten ohne Wasser geplant.

Unten rechts Dieser Übergang aus Trittsteinen im Tenju-an-Garten besteht aus ungewöhnlich geformten Platten. Möglicherweise handelt es sich um Sockel von Säulen.

Stege aus Flechtwerk und Holzbohlen

Brücken wurden früher auch aus Flechtwerk errichtet oder aus Brettern und Klötzen, die man über Balken legte und anschließend mit Erde und Kies bedeckte. Allerdings dienten sie mehr der Erbauung als der tatsächlichen Benutzung, denn sie waren nicht besonders tragfähig und hatten in der Regel kein Geländer zum Festhalten. Die Stege, die die Inseln im berühmten Moostempel von Kyoto miteinander verknüpfen, sind mittlerweile recht morsch, doch passt gerade das vorzüglich zum dunklen, geheimnisvollen Ambiente. Flechtwerk für Brücken ist heute nur noch schwer zu bekommen, deshalb sollte man sich für Stege aus behandeltem oder aus witterungsbeständigem Holz entscheiden.

Brücken mit Rankgitter

Beliebt sind massive Holzbrücken mit einer Überdachung aus Gitterwerk, an dem sich Glyzinen hochranken. Man kann sich kaum sattsehen an dem schattigen, duftenden Baldachin, den ein Japanischer Blauregen *(Wisteria floribunda)* über dem Nass spannt: ein atemberaubender Anblick, der durch die vom Wasser reflektierten Blütenkaskaden doppelten Reiz gewinnt. Ein berühmtes Beispiel ist die Brücke in Monets Garten in Giverny, die der Maler auf zahlreichen Gemälden verewigte.

Übergänge aus Trittsteinen

Gern nutzt man für die Überquerung von Gewässern auch Trittsteine aus Säulenresten oder Natursteinen. Wie bei *Yatsuhashi*-Brücken führen sie nicht gerade, sondern in gewundener Linie durch den Bach oder Teich. Wer das Glück hat, einen ausgedehnten Garten mit Gewässer zu besitzen, sollte auf dieses malerische Element nicht verzichten. Solche Übergänge aus Trittsteinen üben einen geradezu unwiderstehlichen Reiz aus, den Garten aus verschiedenen Perspektiven zu genießen.

Laternen

Steinlaternen gehören zu den Charakteristika japanischer Gärten. Einst standen sie vor Shinto-Schreinen und buddhistischen Tempeln. Thronfolger und andere Adlige stifteten sie als Votivgaben für Schreine, wo sie manchmal zu Hunderten die breiten Zugangswege säumten.

Laternen fanden wie Wasserbecken, Wege aus Trittsteinen und viele andere Elemente über den Teegarten Eingang in die japanische Gartenkunst. Ursprünglich beleuchteten sie Teepfade und Wasserbecken, denn viele Teezeremonien fanden am Abend statt. Man stellte sie jedoch auch an Teichufern auf, wo sie an Leuchttürme erinnerten, außerdem am Fuß von Hügeln oder in der Nähe von Brunnen. Bei aller Beliebtheit leuchteten Steinlaternen, in denen sich Öllampen oder Kerzen befanden, aber nie zu hell und hatten größtenteils dekorative Funktion.

Reich gearbeitete Ornamente sind in japanischen Gärten eher selten. Gerade deshalb boten Laternen Künstlern die Möglichkeit, etwas Interessantes und Auffallendes zu gestalten. Steinleuchten brauchen zwar Jahre, bis sie ein verwittertes Aussehen annehmen. Man kann den Alterungsvorgang jedoch durch Beschmieren mit Joghurt oder Dung beschleunigen, was den Bewuchs mit Algen fördert. Einige japanische Gärtner verwenden sogar den Schleim zerdrückter Schnecken, um diesen Effekt zu erzielen. Stein verwittert zudem schneller im Schatten. Werden die Laternen aus porösem Material wie Sandstein gefertigt, wächst noch rascher Moos auf ihnen.

Laternen spielen in japanischen Gärten eine so bedeutende Rolle, dass sie bereits vor langer Zeit in verschiedene Kategorien unterteilt wurden. Manche benannte man nach berühmten Teemeistern oder Gärten. Es gab sogar Versionen speziell für verschneite Gärten. Die meisten waren zwar aus Stein, doch gab es auch hölzerne oder strohgedeckte Exemplare, und Hängelaternen können aus Bronze gegossen sein.

Eine Laterne in der Nähe eines Wasserbeckens mit ein, zwei Kieseln oder anderen Steinen davor, ein Bambuszaun im Hintergrund und eine Kiefer oder ein Ahorn als Schattenspender zur Förderung des Mooswachstums: So sah das klassische Arrangement am Standort einer Laterne aus. Eine solche Szenerie, die sich im Übrigen auch für Hof- oder Eingangsgärten eignet, gilt als komplette Komposition.

In modernen japanischen Gärten kann man effektvoll elektrische Beleuchtung einsetzen, doch muss man die Leitungen und Fassungen gut verbergen, damit sie auch tagsüber nicht sichtbar sind. Sie würden sonst den Gesamteindruck stören.

Links In manchen japanischen Gärten sind Laternen die einzigen vom Menschen gemachten Gegenstände. Die meisten werden nie angezündet, doch diese hier stellt eine seltene Ausnahme dar und darf tatsächlich Licht spenden. Die Flamme des ölgetränkten Papiers im Inneren wird durch die Scheiben aus Reispapier gedämpft.

Oben links Diese Laterne in einem Garten in England wurde mitten im Wasser aufgestellt. Laternen an oder in Gewässern symbolisieren Leuchttürme.

Oben Mitte Stillleben mit Laterne: Ein zwischen Kiefern und Ahornbäumen platziertes Exemplar in einem Garten in Portland im US-amerikanischen Bundesstaat Oregon. Laternen wurden in Japan traditionell vor buddhistischen und shintoistischen Schreinen aufgestellt.

Oben rechts Über Teegärten fanden Laternen den Weg in die japanische Gartenkultur. Sie dienten dazu, den Pfad *(roji)* und die aufgestellten Wasserbecken in sanftes Licht zu tauchen.

Unten Malerischer als hier kann eine Laterne kaum stehen. Dieses majestätische Exemplar drängt sich an einem Teichufer ins Blickfeld.

Wasserbecken

Vor jedem Shinto-Schrein und den meisten buddhistischen Tempeln stehen Wasserbecken mit Bambushähnen oder Schöpfkellen. Hier können Besucher sich Hände, Gesicht und Mund waschen. Wasser ist als Mittel der körperlichen und geistigen Reinigung ein wichtiger Bestandteil des Shintoismus.

Der Zen-Buddhismus rät zur Säuberung, um das Bewusstsein auf die Reinheit des Geistes zu lenken. Wie bereits erwähnt, spiegelt sich die äußere und innere Welt des Zen immer wieder in Motiven, die in der japanischen Gartengeschichte und insbesondere im Teegarten eine Rolle spielen. So findet man kaum eine Anlage ohne Wasserbecken. Manche werden von einem Bambusrohr gespeist und laufen ständig über, damit das Wasser stets frisch bleibt. Deshalb brauchen die Gäste auch einen speziellen Stein, auf den sie sich stellen können, damit sie nicht nass werden. Das überlaufende Wasser wird über Kiesel abgeleitet.

Arten von Wasserbecken

Wasserbecken sind zwar in allen möglichen Formen und Größen erhältlich und können aus Naturstein, Keramik oder Holz bestehen, doch lassen sich im Wesentlichen zwei Arten unterscheiden. *Chozubachi* haben eine Höhe von etwa 1 m und

werden so auf Veranden platziert, dass sie stets in Reichweite sind. Manchmal werden sie durch ein Bambusgitter abgedeckt, damit weder Laub noch Schmutz hineinfallen. Das *tsukubai chozubachi* ist niedriger und steht auf oder direkt neben dem Teepfad. Wie bei manchen Toren oder Eingängen zum Teehaus muss man sich zu ihm hinunterbücken und eine demütige Haltung einnehmen. Einer berühmten Anekdote zufolge platzierte der große Teemeister Rikyu sein *tsukubai* so, dass Besucher nur dann einen Blick auf das malerische Seto-Binnenmeer werfen konnten, wenn sie sich zum Becken hinabbeugten.

Oft legt man neben Wasserbecken verwitterte, rund geschliffene Steine oder Kiesel, stellt Felsen und Laternen auf oder pflanzt Farne und immergrüne Sträucher. Gerade diese Arrangements sind nicht selten das Einzige, was von alten Teegärten übrig geblieben ist. Man greift sie gern in modernen Hofgärten auf.

Bei der Auswahl von Becken für den eigenen Garten lässt sich der geeignete Naturstein manchmal nur schwer auftreiben oder ist sehr teuer. Als Alternativen bieten sich Ton- oder Steinurnen an. Wie bei Teewegen kann man durchaus zu gebrauchten Exemplaren *(mitate)* greifen, etwa hohlen Resten alter Säulen.

Ganz links Ein elegantes Steinbecken in einem englischen Garten. In solche Wasserbassins fließt oft ständig Wasser. Entsprechend läuft es über den Rand und versickert zwischen den Steinen. Unter dem Becken kann man einen Sammelbehälter in das Erdreich einlassen, von wo das Wasser wieder nach oben gepumpt wird.

Links Ein *tsukubai* aus dem 17. Jahrhundert im Tempelgarten des Ryoan-ji. Die Inschrift bedeutet »Ich lerne einzig, zufrieden zu sein«, ein wichtiges Ziel der Zen-Philosophie.

Oben rechts Zwei *chozubachi*, die man von der Veranda des Sanzen-in in Ohara erreicht. Die rechteckigen Becken ruhen auf Steinsäulen.

Mitte rechts Ein ausgehöhlter Naturstein im Seiryu-Teegarten des Nijo-Schlosses. Das Wasserbecken hat die Form eines Flaschenkürbisses, der in Japan ein Symbol der Gastfreundschaft ist.

Unten rechts Eine Schöpfkelle liegt auf Bambusstäben neben einem Steinbecken. Teegäste waschen hier in einem Akt konkreter und symbolischer Reinigung Hände, Mund und Gesicht, bevor sie schließlich ins Teehaus eintreten.

Gebäude

In den japanischen Gärten der Frühzeit standen Pavillons im chinesischen Stil. Sie boten einen Blick auf den Teich und das Grün und wurden oft am Ende eines langen, seitlich offenen Korridors errichtet. Die im 16. Jahrhundert aufgekommenen Teehäuser prägen den Stil und das Aussehen japanischer Gartengebäude bis zum heutigen Tag.

Anfangs war das Teehaus als »Bergort in der Stadt« gedacht und nichts weiter als eine rustikale, grasgedeckte Hütte. Im Lauf der Zeit jedoch gestaltete man es immer ausgeklügelter. Dabei diente es keineswegs als Platz, von dem aus man den Garten auf sich wirken lassen konnte, sondern als Ziel des Teepfads und als Ort der Ehrerbietung sowie des sozialen Miteinanders. Erst im 17. Jahrhundert wurden vor allem in den exquisiten Gärten des Katsura-Palasts in Kyoto auch die Wände des Teehauses geöffnet, damit die Besucher nunmehr ihren Blick auch über die neuen Teich- und Wandelgärten schweifen lassen konnten.

Wer ein Teehaus in seinem Garten errichten möchte, kann es durchaus als »Zimmer im Garten« konzipieren und ihm dennoch eine gewisse Ehrwürdigkeit verleihen. Besonders authentisch wirkt es, wenn man japanische Gestaltungsprinzipien beachtet und bestimmte Baumaterialien verwendet.

Gestaltung und Bau

Einst wurden Teehäuser, -pavillons und -lauben aus naturbelassenen Materialien und hochwertigem Holz gebaut. Den Boden legte man mit stoffgesäumten Strohmatten *(tatami)* aus.

Die Wandstützen errichtete man aus kleineren Baumstämmen, an denen sogar die Rinde belassen wurde. Die Wände wurden mit Gips verputzt und mit gebundenen Bambusstreifen verkleidet oder in gedämpftem, verwittertem Gold und Hellblau gestrichen, Materialien, die noch heute zum Einsatz kommen. Man sollte sehen, ob man nicht einen Gartenarchitekten findet, der sich auf die Errichtung authentischer Häuser versteht.

Gegenüber Zwei Teehäuser im Stil von Einsiedeleien im Garten des Tojo-in von Kyoto. Die einfachen Gebäude mit ihren strohgedeckten Dächern sind nach dem Vorbild rustikaler Bauernhäuser gestaltet. Obwohl in ländlichem Stil gehalten, zeichnen sie sich nicht selten durch aufwendige Verarbeitung und den Einsatz hochwertiger Materialien aus.

Rechts Japans Gärtner bereichern ihr Grün gern mit Laubengängen und ziehen an den Gerüsten Glyzinen hoch. Die einfachen, oft völlig schmucklosen Konstruktionen aus Holzbalken sind wie geschaffen für die schweren Triebe dieser Kletterpflanze.

Innenausstattung

Der Eingang zu den Teehäusern des 16. Jahrhunderts bestand aus einer kleinen, rund 75 cm breiten und hohen Schiebeluke. Beim Eintreten waren die Gäste gezwungen, auf die Knie zu gehen und damit gebührenden Respekt zu bekunden. Es gab aber auch fensterartige Öffnungen rund wie der Mond oder längliche mit Schiebetüren aus Reispapier. Etwas abseits der Hausmitte befand sich ein versenkter Herd zum Erhitzen des Teewassers, während in einer besonderen Nische *(tokonoma)* in der hinteren Wand Schriftrollen hingen. Manchmal stand im Teehaus auch eine Vase mit einfachen Blumensträußen im »ländlichen« Stil. Nichts Aufgesetztes, Prahlerisches war zu sehen, vielmehr verschmolzen die Teehäuser bestens mit der Umgebung.

Man muss sich nicht unbedingt die Mühe machen, gleich einen versenkten Herd in seinem Teehaus anzulegen. Doch selbst wenn man das Gebäude nur als einfaches Gartenhäuschen oder als Aussichtsplattform nutzt, kann man einige klassische Gestaltungselemente verwenden, um dem Ganzen eine gewisse Authentizität zu verleihen.

Andere Gebäude

Teehäuser sind nicht die einzigen Gebäude in japanischen Gärten. Man kann auch Wartehütten mit offener Frontseite errichten, in denen Gäste sich entspannen, bevor sie vom Gastgeber zum Teehaus geführt werden. Sogar Toiletten, die in einem ähnlichen Stil wie die Teehäuser gebaut sind, findet man in Teegärten.

Wandelgärten enthalten häufig hölzerne Laufstege, auf denen man die Kirschblüte bewundern kann. Sie enden meist an einem strohgedeckten Pavillon. Ferner stehen in japanischen Gärten häufig auch schirmförmige Pavillons mit einem einzigen Pfosten in der Mitte, der ein rundes oder eckiges Strohdach trägt. Neuere Gärten, die wieder stärker unter chinesischem Einfluss standen, enthielten gelegentlich sechseckige, chinesisch angehauchte Zentralbauten, die Aussichtspavillons in modernen westlichen Gärten ähnelten. In deren Nähe standen oft tragbare Bänke und Tische. Die Pavillons platzierte man gern an gut sichtbaren Plätzen, etwa auf einem Hügel oder einem anderen Aussichtspunkt.

In manchen alten Gärten verblüfft manchmal der Kontrast zwischen leuchtend roten Papierschirmen über Tischen mit rotem Tuch und dem dunklen Grün immergrüner Bäume und Sträucher. Ein solches Arrangement wäre auch in einer zeitgenössischen Anlage denkbar.

Links Eine Wartehütte *(koshikake)* im inneren Teegarten *(roji)* des Chishaku-in von Kyoto. Trittsteine führen zu diesem einfachen Unterstand hin und durch das Bambustor gleich weiter in Richtung Teehaus.

Dekor

Der bloßen Dekoration dienende Kunstobjekte haben in japanischen Gärten in aller Regel keinen Platz. Ein japanischer Garten gilt als eine in sich stimmige und geschlossene Komposition, in der solche rein dekorativen Elemente meistens nur stören. Da viele japanische Gartenanlagen an der Natur als Vorbild ausgerichtet oder berühmten Ansichten nachempfunden sind, brauchen sie nichts, was das Auge vom stimmigen Ganzen ablenken würde. Die wenigen dekorativen Elemente, die in solche Gärten passen, müssen daher mit besonderem Bedacht ausgewählt werden.

Solitäre, Blickfänge, Statuen und andere Skulpturen werden in japanischen Gärten normalerweise ebenso gemieden wie zu auffällige Farb- und Texturzusammenstellungen, Überraschungseffekte und andere Elemente, die das A und O vieler westlicher Anlagen sind. Gleichwohl handelt es sich bei Gartenstupas, Pagoden, Wasserbecken oder Buddha-Statuen durchaus um Bestandteile mit einem gewissen dekorativen Nutzen, von denen einige offensichtlich religiöse Bedeutung hatten. Sie kommen auch in Gärten des 21. Jahrhunderts noch zum Einsatz, doch ist ihr ursprünglicher Zweck dann meist nicht mehr vorrangig. Stattdessen wird etwa mehr Wert darauf gelegt, dass eine Pagode den Garten durch ihre Vertikalität bereichert.

Unten Auf einer Insel in den Gärten des Goldpavillons (Kinkaku-ji) in Kyoto steht diese steinerne Pagode. Als »Steg« zu der kleinen Insel wurde hier ein Baumstamm übers Wasser gelegt.

Unten In Teegärten findet man oft auch Brunnen mit einem Stein daneben, auf dem man den Wassereimer abstellen kann. Dieser hier in Ohara ist aber ein reiner Zierbrunnen ohne Wasser.

Oben Pagoden sind buddhistische Bauwerke, die sich aus indischen Stupas entwickelt haben. Durch ihre hohe, schmale Silhouette setzen sie in Gärten unübersehbare Akzente. Man stellt sie am besten so auf, dass sie von Bäumen und Sträuchern teilweise verdeckt werden.

Oben rechts Da viele Gärten von der Philosophie des Zen-Buddhismus durchdrungen sind, enthalten sie häufig Steinreliefs oder Statuen, die Buddha darstellen und eine friedliche, ehrfürchtige Atmosphäre verbreiten.

Pagoden und Stupas

Manche buddhistische Bauwerke dienten als Aufbewahrungsort von Reliquien und Schriftrollen zu Ehren eines Heiligen. Wie Laternen standen sie ursprünglich ganz in Tempelnähe. Als Gartenelemente nehmen sie keine dominierende Stellung ein, sondern erscheinen dem Betrachter so vertraut, dass sie sich harmonisch in eine Szenerie einfügen. Aus westlicher Sicht sind sie für japanische Gärten typisch.

Weitere Elemente

Japanische Gärten enthalten ein, zwei verspielte Elemente, die an eine ferne Vergangenheit in bäuerlicher Gemeinschaft erinnern. Am bekanntesten sind Wasserhämmer *(shishi-odoshi),* Wildscheuchen aus einem Bambusrohr, das sich mit Wasser füllt, regelmäßig kippt, beim Zurückschnellen an einen Stein stößt und dabei ein klackendes Geräusch erzeugt. Eher selten ist dagegen eine Konstruktion, bei der Wasser durch ein kleines Loch im Boden in eine Schale am Grund einer unterirdischen Kammer tropft. Lauscht man durch ein langes, ausgehöhltes Bambusrohr dem Tropfgeräusch, fühlt man sich an Wasserfälle und Bäche in fernen Bergen erinnert, so wie man beim Horchen an einer Muschel unwillkürlich an das Meeresrauschen denkt. Gelegentlich findet man sogar Brunnen in japanischen Gärten. Sie sind aus Holz oder Naturstein errichtet und haben oft ein Bambusgitter als Abdeckung, damit kein Laub ins Wasser fällt.

Pflanzen in japanischen Gärten

Bäume und Sträucher haben von jeher einen hohen Stellenwert in japanischen Gärten. Anfangs stammten viele Gartenpflanzen aus China, doch bald begann man die beneidenswert vielfältige heimische Flora für die Gartenkultur zu nutzen, etwa die Kirschen, Azaleen, Kamelien und Magnolien aus den Bergwäldern im Land der aufgehenden Sonne. Im Herbst entfachen Ahorne und Eichen ein Feuerwerk in Rot, Gelb und Orange.

Japans Pflanzenschätze – angefangen von den ersten Pflaumenblüten im Frühjahr über die vertrocknenden Gräser im Herbst bis zu den schneebedeckten Kiefern im Winter – werden von alters her von Dichtern besungen und mit Festen gefeiert. Immergrüne Bäume wie Sicheltannen und Kiefern gelten als Symbol des langen Lebens und der Spannkraft.

Gegenüber Im Herbst entflammen die Blätter des Fächerahorns *(Acer palmatum)* in feurigen Farbtönen.

Oben, von links Ein Katsurabaum *(Cercidiphyllum japonicum);* Chrysanthemen in Töpfen; eine Blütenkirsche *(Prunus* x *hillieri)* in voller Blüte.

Glyzinen, Pfingstrosen und Hortensien sind in vielen japanischen Gärten vertreten, werden aber dort nie in Blütenrabatten gepflanzt. Pflanzen werden in Japan generell in natürlich wirkenden, kleinen Gruppen oder – wie bei Zierkirschen und -pflaumen – obsthainartigen Großbeständen gesetzt. Stauden und Zwiebelblüher wie Ballonblumen, Lilien, Funkien oder Japananemonen werden am Fuß eines Steins oder in einem Moosteppich naturnah mit Farnen kombiniert oder in kleinen Gruppen verstreut im Garten gepflanzt. Schwertlilien sind in sumpfigen Bereichen in ihrem Element oder werden in der Nähe von Bachmündungen zu formalen Beeten arrangiert, Seggen und Farne dienen oft als Uferbepflanzung. Einige Blütenstauden werden extra in Gefäßen gezogen. Lilien, Schwertlilien, Chrysanthemen, ja sogar Lotosblumen werden mit großem Pflegeaufwand in schön gestalteten Töpfen präsentiert, häufig vor einem Bambuszaun als Kulisse.

In Japan hat man den Formschnitt zur Kunst erhoben. Kiefern werden so zurückgestutzt, dass ihr etagenförmiger Wuchs zur Geltung kommt und sie wie altehrwürdige, von Wind und Wetter zerzauste Baumpersönlichkeiten an der Küste aussehen. Azaleen, Kamelien und andere immergrüne Sträucher werden zu Polstern und abstrakten oder geometrischen Formen geschnitten. Darunter leidet die Blühfreude, doch japanische Gärten sind monochromen Gemälden nachempfunden, sodass Farbe, vor allem in den Gärten der Zen-Tempel und in Teegärten, einen untergeordneten Stellenwert einnimmt. Sie gilt dort gar als Störfaktor, der von der Schlichtheit der Komposition ablenkt. Aber selbst in einfachen, pflanzenlosen Trockengärten des Ryoan-ji-Tempels bleibt die Flora stets präsent: in Form der Kulisse aus Kirschen und Ahornen, die jenseits der Mauern jahreszeitliche Tönungen ins Spiel bringen.

Oben, von links Eine japanische Ahornart *(Acer shirasawanum);* ein Korallenrindenahorn: *Acer palmatum* 'Sango-kaku'; *Camellia sasanqua.*

Gegenüber Eine Japanische Kamelie *(Camellia japonica)* streut ihre Blüten über den Waldboden und auf das Tor zu einem hölzernen Schrein.

Gehölze für das Frühjahr

Wie bei uns werden auch in Japan die ersten Frühlingsboten sehnsüchtig erwartet. Unter den Frühstartern befinden sich einige Kamelien und Azaleen. Kamelien und manche Azaleen sind immergrün und bieten sich als Formschnittgehölze an. Kerrien, die in japanischen Gärten schon seit dem 11. Jahrhundert gezogen werden, blühen ebenfalls sehr zeitig. Das gilt auch für Magnolien, von denen einige Arten in Japan heimisch sind.

Camellia japonica
Tsubaki

Ein immergrüner Strauch, an der warm-gemäßigten japanischen Küste beheimatet. Er wird in Gärten gemeinsam mit Kamelienarten und -sorten aus China gepflanzt. Kleinere, schmalere Blätter als *C. japonica* hat *Camellia sasanqua*, deren einzeln stehende blassrosa Blüten sich nach und nach schon im Frühwinter öffnen.

Kamelien sind mittlerweile recht verbreitet, wuchsen früher aber nur an buddhistischen Tempeln. In Teegärten bevorzugte man die einfacheren, blasseren Formen mit einzeln stehenden Blüten und glänzendem Laub, *wabi-suke* genannt. *C. japonica* mit dichtem, glänzendem Laub und der Teestrauch *(C. sinensis)* mit kleineren Blättern als die anderen Arten und weißen Blüten, die sich im Herbst öffnen, werden oft als Hecke verwendet. *C. sinensis* wird auch oft zu kompakten, dichten Formen geschnitten.
Blütezeit März–April
Wuchs Meist strauchförmig, in Töpfen oder bei regelmäßigem Schnitt bis 2 m hoch
Schnitt Triebe nach der Blüte auslichten.
Standort Lichter Schatten, vor Morgensonne schützen, frischer, durchlässiger, saurer Boden, wintermilde Lage.
Winterhart ab Zone 8a

Chaenomeles japonica
Boke

Die Japanische Scheinquitte wird wegen ihres frühen Flors geschätzt. Die Blüten sind in den verschiedensten Tönungen von tiefstem Scharlachrot über Blassrosa bis hin zu Weiß erhältlich. Sie erscheinen noch vor dem Laubaustrieb dicht gedrängt an nackten, bedornten Trieben. Man kann Scheinquitten in Gefäßen ziehen, wo sie mit der Zeit ein knorriges Aussehen annehmen.
Blütezeit Frühjahr
Wuchs Strauch, bis 1 m hoch
Schnitt Nach der Blüte stark zurückschneiden, um kompakten Wuchs zu fördern, oder an einem Gitter oder einer Wand hochziehen.
Standort Sonnig bis halbschattig, durchlässige, leicht saure Böden.
Winterhart ab Zone 5a

Kerria japonica
Yamabuki

Der sommergrüne Ranunkelstrauch, auch Kerrie genannt, stammt ursprünglich aus China, findet sich aber schon seit dem 11. Jahrhundert in Japans Gärten. Seine ungefüllten, gelben, sternförmigen Blüten mit fünf Kronblättern bieten im Frühjahr einen willkommenen Anblick. Es gibt zwar gefüllt blühende Sorten und auch eine panaschierte, doch kommt in den japanischen Gärten meist die Art selbst zum Einsatz und bereichert Gehölzgruppen.
Blütezeit Mai–Juli
Wuchs Strauch, bis 2 m hoch
Schnitt Alte Triebe nach der Blüte herausnehmen.
Standort Vollsonnig bis halbschattig, alle Böden.
Winterhart ab Zone 5b

Magnolia

Sommergrüne Magnolien stehen seit Jahrhunderten hoch im Kurs. Besonders beliebt sind *Magnolia liliflora*, *mokuren* genannt, aus China mit

lilienartigen, tiefpurpurrosa Blüten, die bekannte, in Japan heimische weiße Sternmagnolie *(M. stellata, hime-kobushi)* und die eng mit ihr verwandte, ebenfalls heimische, viel größere *M. kobus (kobushi)*. Die bis 15 m hohe *M. hypoleuca* aus Japan begeistert im Hochsommer mit stark duftenden, cremefarbenen Blüten. In den letzten Jahren ist die immergrüne, baumförmige *M. grandiflora* aus Nordamerika populär geworden. Sie zeichnet sich durch große, cremefarbene Blüten aus, die im Spätsommer erscheinen, braucht aber milde Winter. Magnolien werden für gewöhnlich in großen Wandelgärten gepflanzt.

Blütezeit Je nach Art März–August
Wuchs Strauch oder Kleinbaum, 3–15 m hoch
Schnitt Überlange Zweige im Spätwinter herausnehmen.
Standort Halbschattig, nährstoffreicher, saurer Boden. Winterhart ab Zone 6b–8a

Paulownia tomentosa

Der chinesische Blauglockenbaum wird in Japan schon seit dem 9. Jahrhundert kultiviert. Einst zierte er als Solitär die Höfe von Adelsresidenzen. Zwei auffällige Merkmale zeichnen das Gehölz aus, das als Symbol des berühmten japanischen Feldherrn Hideyoshi verehrt wird: die riesigen Blätter und die ansprechenden, hellfliederfarbenen Blüten. Es dauert einige Jahre, bis der Blauglockenbaum einen kräftigen Stamm bildet und dann auch strengen Wintern trotzt.

Alternativ kann der Stamm aber auch jedes Frühjahr geköpft werden. Die Pflanze blüht dann zwar nicht, bildet dafür aber lange Triebe und riesige, bis zu 30 cm große Blätter, die zusammen mit Bambus und Palmen einen wahrlich tropischen Anblick bieten.

Blütezeit Mai–Juni
Wuchs Baum, bis 12 m hoch
Schnitt Nur dann schneiden, wenn der Blattschmuck das Ziel ist.
Standort Geschützt, vollsonnig, jeder Boden. Winterhart ab Zone 7b

Rhododendron (inkl. Azalea)

Satsuki (kleinblättrig) Hirado (großblättrig)

Azaleen bilden eine Sektion der Gattung *Rhododendron (tsutsuji)*. Rund 50 Arten sind in Japan beheimatet, die beiden wichtigsten Azaleenarten sind *kirishima (R. obtusum)* und die etwas später blühende *satsuki (R. indicum)*. Ferner kultiviert man noch eine großblättrige Azalee namens *hirado*. Das Gros der vielen Tausend Hybriden wurde wegen der Blüten gezüchtet, die die gesamte Farbpalette von Purpur über Rosa und Lachsfarben bis hin zu Weiß abdecken. Auch Blütengröße und Wuchs sind sortenabhängig.

Azaleen blühen nach den Kirschen und Glyzinen. Sie haben in Japan keine symbolische Bedeutung. *Kirishima* werden bereits seit dem 11. Jahrhundert als Gartengewächse geschätzt. Oft sieht man große Gruppen an baumlosen Berghängen weithin sichtbar stehen. Das ideale Formschnittgehölz wird seit Jahrhunderten in Hügelform geschnitten, aber auch so gestutzt und arrangiert, dass es dem Lauf eines Bachs nachempfunden ist. Zudem kombiniert man Azaleen gern mit Felsen und setzt sie ans Ufer kleiner Teiche, um dem Gewässer Kontur zu geben und ein Gegengewicht zu anderen Formen zu schaffen. Durch den Schnitt verringert sich – durchaus erwünscht – die Zahl der Blüten, denn zu viel Farbe überfordert nach Auffassung japanischer Gärtner die Sinne. Ungeschnittene Exemplare blühen so reich, dass das Laub völlig von Blüten verdeckt wird.

Azaleen und Kamelien sind ideale Gehölze für die Kunst des Formschnitts *(o-karikomi)*. Im Garten des Shoden-ji bereichern drei Gruppen gestutzter Azaleen den Trockengarten *(kare-sansui)*.

Blütezeit Frühjahr–Anfang Frühsommer
Wuchs Strauch, 1–3 m hoch
Schnitt Nach der Blüte und, wenn nötig, ein zweites Mal im Herbst
Standort Lichter Schatten, feuchte, aber nicht staunasse, saure Böden. Im Winter Wurzelschutz durch eine Laubdecke geben und vor kaltem, austrocknendem Ostwind und Morgensonne schützen. Winterhart ab Zone 6a–7b

Gegenüber und oben, von links nach rechts *Camellia japonica; Chaenomeles japonica,* die Japanische Scheinquitte; *Kerria japonica;* die duftenden Blüten von *Magnolia stellata;* junges Laub von *Paulownia tomentosa;* Azaleen, die wegen des starken Schnitts nur spärlich blühen.

Die Kirschblüte

Das Ende des Winters wird von der Japanischen Aprikose *(mume)* eingeläutet, deren Blüte einsetzt, während noch der letzte Schnee schmilzt. Die Blüten symbolisieren Unerschrockenheit und Robustheit. Als Nächstes macht der zartrosa Flor des Pfirsichbaums *(momo)* auf sich aufmerksam. Weltweite Berühmtheit aber haben japanische Gärten vor allem wegen der Kirschblüte *(sakura)* erlangt, mit der die Ankunft des Frühlings gefeiert wird.

Prunus mume
Ume

Die Japanische Aprikose hat wie unsere Schlehe *(Prunus spinosa)* und die Vogelkirsche *(Prunus avium)* eine reinweiße Blüte. In manchen Gegenden beginnt sie bereits während der Schneeschmelze zu blühen und zählt nicht zuletzt deshalb in Japan zu den beliebtesten Blütengehölzen. Manche Sorten zeichnen sich durch besonders blass- oder tiefrosa Färbungen aus und können ganze Täler in ein Farbenmeer tauchen. Ihre runden Früchte isst man in Japan gern eingelegt oder kandiert.

Im Gegensatz zu den relativ kurzlebigen, auf Schnitt empfindlich reagierenden Zierkirschen können alte Japanische Aprikosen kräftig geschnitten werden. Ehrwürdige Exemplare mit flechtenbewachsenen Ästen stehen in höherem Ansehen als wuchskräftige Junggehölze. Betagte Baumpersönlichkeiten mit knorrigem Stamm werden, falls nötig, gestützt und mit Seilen, Jute oder Gärtnervlies bandagiert und halten so immer noch ein paar Zweige.

Der Beginn der Aprikosenblüte wird nicht so ausgelassen gefeiert wie die spätere Kirschblüte, denn oft ist es noch recht kalt, sodass man die frische Pracht eher mit einer gewissen feierlichen Stille und einem Anflug von Wehmut betrachtet. *Prunus mume* verkörpert Reinheit und Hoffnung und wird als Frühlingsbotin verehrt, gilt gleichzeitig aber als Inbegriff der Integrität und Treue, »so tugendhaft wie ein echter Ehrenmann«. Dank ihrer Robustheit und Winterhärte wird sie zu den »drei vortrefflichen Pflanzen« gerechnet (die beiden anderen sind Kiefer und Bambus). Sie symbolisiert ferner Mut, weil die Blüten ihren Duft verströmen, während die Zweige noch blattlos sind und der Winter das Land noch im Griff hat. Deshalb trugen Krieger einst ihre Zweige, wenn sie in die Schlacht zogen. Wenn eine Grasmücke in der Krone eines Pflaumenbaums singt, vereinen sich – so heißt es in einer japanischen Legende – Vogel und Pflanze zum Geist des erwachenden Frühlings.

Die am häufigsten in westlichen Gärten anzutreffende Sorte von *Prunus mume* ist die tiefrosafarbene, süß duftende 'Beni-shidori', ein Strauch von etwa 3 m Höhe. 'Omoi-no-mama' heißt eine weiß blühende Form. Auch die bis zu 10 m hohe Kirschpflaume *(P. cerasifera)* blüht im zeitigen Frühjahr weiß (Sorten auch rosa, meiden sollte man die purpurblättrige 'Nigra'). *P. nipponica* 'Brillant' eignet sich auch für kleine Gärten, ebenso die Drüsenkirsche *(P. glandulosa)*, ein bis zu 1,5 m hoher Strauch mit weißen oder blassrosa Blüten und roten Früchten.

Blütezeit Zeitiges Frühjahr
Wuchs Kleinbaum, bis 9 m hoch
Schnitt Ausdünnen alter Triebe nach der Blüte.
Standort Vollsonnig, alle Böden.
Winterhart ab Zone 6b

Links Eine rot blühende Sorte der Japanischen Aprikose *(Prunus mume)*.

Prunus persica
Momo

Direkt nach *Prunus mume* öffnet der Pfirsich seine Blüten. An den Hängen des Momoyama, des »Pfirsichbergs«, bei Kyoto wurden einst unzählige Exemplare als Sinnbild des langen Lebens und der Vollendung gepflanzt. An diesem Berg ließ der große Shogun Hideyashi im ausgehenden 16. Jahrhundert auch das Schloss Fushimi errichten; seine Herrschaft wurde dann später als Momoyama-Periode bezeichnet.

Pfirsichblüten zeichnen sich durch ein zartes Rosa aus. Sie entfalten sich mit dem Laubaustrieb. Der Pfirsichbaum, so hieß es, könne die Geister der Toten für sich gewinnen, auch galt er als Bote des neuen Lebens. Ein Gebräu aus Pfirsichen wurde Frauen bei den ersten Anzeichen einer Schwangerschaft verabreicht und bei morgendlichem Unwohlsein eingenommen. Noch heute feiert man Anfang März Pfirsichblütenfeste, ein Brauch, der ursprünglich aus China stammt. Er ist bei Kindern, insbesondere Mädchen beliebt, die sich und ihre Puppen während der Blüte in Seide und Lack kleiden und stolz durch die Straßen spazieren.

Pfirsichbäume werden meist kaum älter als 15 Jahre. Sie sind anfällig für allerlei Schädlinge und Krankheiten, insbesondere gegenüber der Kräuselkrankheit, bei der die Blätter verkrüppeln. Die Anfälligkeit ist je nach Sorte unterschiedlich, vorbeugen kann man durch Spritzen mit Fungiziden im Spätwinter.

Blütezeit Zeitiges Frühjahr
Wuchs Baum, bis 8 m hoch
Schnitt Abgestorbene, kranke oder beschädigte Triebe im Spätsommer herausschneiden.
Standort Vollsonnig, nährstoffreiche, durchlässige Böden. Winterhart ab Zone 6b

Prunus serrulata
Sakura

Wenn Japanische Blütenkirschen ihren Flor zur Schau stellen, nehmen viele Japaner Urlaub, um im April die über drei Wochen gehenden Frühlingsfeste zu feiern. Im ganzen Land versammeln sich Freunde in Gärten und öffentlichen Parks zu Picknicks. Unter den vergänglichen Blütenwolken trinken die Feiernden Sake bis weit in die Nacht. Man bindet rote Papierlaternen in das Geäst, während Kinder herumtollen und zu den Klängen von Trommeln und des lautenähnlichen *shamisen* klatschen.

Die japanischen Kirschbäume, wie man sie heute kennt, wurden größtenteils in der Meiji-Zeit gegen Ende des 19. Jahrhunderts aus der Japanischen Blütenkirsche gezüchtet. Sie tragen oft unzählige, gefüllte Blüten. Am beliebtesten sind weiß blühende Sorten mit dunklem Laub, das sich erst nach der Blüte entfaltet. Viele werden auch in westlichen Gärten kultiviert, etwa *P.* 'Ukon', *P.* 'Shogetsu' und *P.* 'Tai Haku'.

Vor dem 19. Jahrhundert bevorzugte man in japanischen Gärten die Arten *P. incisa* und *P. serrulata*, deren subtile Eleganz dem ästhetischen Empfinden der damaligen Zeit entsprach. Die kurzlebigen Blüten erinnerten die Samurai an ihre eigene Sterblichkeit, gleichzeitig galt ihnen der Kirschbaum als Symbol der Ritterlichkeit und Treue gegenüber ihren Herrn und Meistern.

Den Blütenreigen eröffnet die Higan-Kirsche *(P. subhirtella)*. 'Pendula Rosea' und 'Pendula Rosea Plena', Sorten mit hängendem Wuchs, sind in Japan sehr beliebt. Man stützt ihre mit Blüten dicht bedeckten Zweige mit Pfählen und Bambusgerüsten. Der Higan-Kirsche folgt sogleich die März-Kirsche *(P. incisa)*, ein ausladender, schöner, bis zu 8 m hoher Baum, der ebenfalls noch vor dem Laubaustrieb seine Blüten öffnet.

Als Nächstes ist die nach dem Berg benannte Yoshino-Kirsche *(P. x yedoensis)* an der Reihe, deren weiße Blüten ebenfalls an noch kahlen Zweigen erscheinen. Von ihr gibt es eine hübsche hängende Sorte, 'Shidare-yoshino'. Yoshino-Kirschen werden im Arashiyama-Bezirk von Kyoto und in den Gärten des Tenryu-ji seit über 800 Jahren kultiviert.

Von der Japanischen Blütenkirsche gibt es unzählige Sorten, darunter 'Fugenzo', 'Shirotae' und 'Taihaku'. Einige dieser Sorten und auch Arten wie *P. sargentii* und *P. incisa* haben außerdem eine hübsche Herbstfärbung zu bieten, die allerdings nicht so intensiv leuchtet wie etwa die des Fächerahorns.

Blütezeit April–Mai
Wuchs Strauch oder Kleinbaum, 3–8 m hoch
Schnitt Totes, krankes oder verletztes Holz im Hochsommer herausnehmen.
Standort Vollsonnig, nährstoffreiche, durchlässige Böden. Winterhart ab Zone 6a

Oben, von links nach rechts
Japanische Aprikose *(Prunus mume)*; eine Hängekirsche; Yoshino-Kirsche *(P. x yedoensis)*.

Gehölze für den Sommer

Wenn die letzten Kirschen verblüht sind, beginnt die Zeit der Glyzinen mit ihren hängenden, duftenden Blütentrauben. Zugleich buhlt die Strauchpäonie mit gekräuselten Prachtblüten um die Aufmerksamkeit des Betrachters. Sie stand, lange bevor die Japaner sie als Gartenpflanze entdeckten, bei den Chinesen schon hoch in der Gunst.

Deutzia

Unohana, utsugi

Die zahlreichen Arten und Sorten der Deutzie werden in Japan gern für gemischte Pflanzungen verwendet. Ihre weißen bis roten Blüten erscheinen später als die anderer im Frühjahr blühender Sträucher und schließen die Lücke zu den Sommerblühern. *D. crenata* und *D. gracilis* sind beide in Japan heimisch. Sie zeichnen sich durch Rispen aus sternförmigen weißen Blüten aus.

Blütezeit Mai–Juli
Wuchs Strauch, 1 m hoch
Schnitt Alte Blütentriebe entfernen.
Standort Vollsonnig, alle üblichen Böden.
Winterhart ab Zone 5b

Paeonia suffruticosa

Botan, moutan

Die Strauchpfingstrose blüht zur selben Zeit wie die Glyzine. Beide werden gern mit schönen Frauen verglichen. Von *Paeonia suffruticosa,* die als »Blüte des Wohlstands« oder auch als »Königin der Blüten« bekannt ist, werden viele Sorten kultiviert. Man schätzt den Strauch wegen seines Flors, doch ist er in Japan nicht ganz einfach zu ziehen und für die verhaltene Finesse der meisten japanischen Gärten manchmal zu prahlerisch, weshalb man ihn oft in Gefäße verbannt. Besonders gefragt sind die Farben Weiß, Blassrosa und Rot. Man findet die Pflanze oft auf bemalten Schirmen zusammen mit Löwen, Tigern und Bambus.

Blütezeit Juni–Juli
Wuchs Strauch, etwa 2 m hoch
Schnitt Überlange und überkreuzte Triebe im Spätwinter entfernen.
Standort Vollsonnig bis halbschattig, tiefgründige, nährstoffreiche Böden.
Winterhart ab Zone 5b

Spiraea nipponica

In Japan sind mehrere Arten des Spierstrauchs *(Spiraea)* heimisch. Bei den meisten handelt es sich um kleine bis mittelgroße Sträucher mit rundlichem bis breitwüchsigem Habitus und leicht gebogenen Trieben, die dicht mit Blüten übersät sind. *Spiraea nipponica* trägt dunkelgrünes Laub und weiße Blüten.

Blütezeit Hochsommer
Wuchs Strauch, gut 1 m hoch
Schnitt Nach der Blüte stark zurückschneiden, um alte Blütentriebe zu entfernen.
Standort Vollsonnig, alle Böden.
Winterhart ab Zone 5b

Oben und links, von oben nach unten *Wisteria floribunda;* Strauchpäonie *(Paeonia suffruticosa);* eine rosa Sorte der Deutzie.

Stewartia pseudocamellia

Die Japanische Scheinkamelie wird wegen ihrer kleinen weißen Becherblüten gezogen, die denen der Kamelien ähneln. Nicht minder dekorativ aber ist ihre gefleckte Borke und die prachtvolle Herbstfärbung. Der kleine bis mittelgroße Baum bereichert oft gemischte Blöcke aus immergrünen Sträuchern, wird gelegentlich aber auch als Solitär neben einem Tor gesetzt.

Blütezeit Juli–August
Wuchs Baum, bis 10 m hoch
Schnitt Nicht erforderlich
Standort Lichter Schatten bis absonnig, frische, saure Böden.
Winterhart ab Zone 6b

Styrax japonicum

Der Japanische Storaxbaum ist ein breitwüchsiger, sommergrüner Strauch mit dunkelgrünen Blättern und zahlreichen Büscheln kleiner weißer Blüten.
Blütezeit Juni–Juli
Wuchs Großstrauch, etwa 7 m hoch
Schnitt Nicht erforderlich
Standort Vollsonnig bis halbschattig, frische, neutrale bis saure Böden.
Winterhart ab Zone 6b

Wisteria floribunda
Fuji

Sobald die Kirschblüte um die Frühjahrsmitte endet, schlägt die Stunde der langen Blütentrauben der Glyzinen oder Blauregen. *Wisteria floribunda,* der Japanische Blauregen, ist in Japan durchaus noch in freier Natur anzutreffen, wo er hohe Bäume erobert und an steilen Hängen blaue Kaskaden bildet. Er hat wesentlich längere Trauben als sein Verwandter aus China, *W. sinensis:* Bei der Sorte 'Macrobotrys' ('Multijuga') werden die fliederblauen Trauben bis über 1 m lang.

Glyzinen wurden einst wegen ihres langen Lebens verehrt. Sie sind die einzigen Kletterer, die in der japanischen Gartenkultur einen hohen Stellenwert haben. Man zog sie im 17. Jahrhundert meist an Kiefern, heute findet man sie meist an Rankgittern, Lauben und Stangenzelten. Besonders spektakuläre Wirkung entfalten sie, wenn sie Brücken überwuchern dürfen, die speziell für diesen Zweck errichtet wurden. Die langen Trauben hängen weit nach unten und berühren fast ihr Spiegelbild im Wasser. Beliebt ist in Japan auch *W. brachybotrys* 'Shiro Kapitan' (syn. *W. venusta*), die einige Wochen vor dem Laubaustrieb mit duftenden weißen Blüten aufwartet.

Glyzinen lassen sich auch an Pfosten als einzeln stehende Hochstämme kultivieren. Lässt man sie ungehindert über den Boden kriechen, wachsen sie sogar in Strauchform. Um sie im Zaum zu halten, müssen sie Jahr für Jahr radikal zurückgeschnitten werden. Der erste Schnitt erfolgt im Hochsommer, also nach der Blüte, wenn die langen Triebe um zwei Drittel eingekürzt werden, der zweite Schnitt erfolgt im Winter, wobei man die Triebe bis auf 10 cm lange Aststücke zurückschneidet. Gerade weil Glyzinen so unempfindlich gegen Schnitt sind, zieht man sie gern auch in Töpfen oder als Bonsai.
Blütezeit Frühsommer
Wuchs Bis etwa 10 m hoch
Schnitt Siehe oben
Standort Vollsonnig bis halbschattig, nährstoffreiche, frische Böden.
Winterhart ab Zone 6b

Oben, von links Kaum ein Strauch hat eine so dekorative Borke wie *Stewartia japonica* zu bieten; *Wisteria:* ein Klassiker in japanischen und chinesischen Gärten.

Frühlingslaub

Nicht alles dreht sich im zeitigen Frühjahr um Blüten. Die Trauerweide fand im 9. Jahrhundert den Weg von China nach Japan und wird seit jener Zeit an Teich- und Seeufern gepflanzt. Man schätzt das helle Grün ihres frischen Laubs. Die jungen Blätter des Fächerahorns *(Acer palmatum)* schillern anfangs in allerlei Tönen von Hellgrün bis Lachsrosa. Purpurrotes, goldgelbes und panaschiertes Laub wird man in traditionellen japanischen Gärten im Allgemeinen nicht antreffen, denn diese Farben gelten als zu unnatürlich und dem Gesamteindruck abträglich.

Sommerblüher

Nur wenige Blüher vertragen die regenreichen Sommer in Japan so gut wie Hortensien. Im Buddhismus stehen symbolhaft für Sterblichkeit und Unsterblichkeit zwei Pflanzen: die Prunkwinde mit ihren vergänglichen Blüten und die Lotosblume, die aus dem Schlamm in vollendeter Reinheit emporsteigt. Ebenfalls gut für sumpfige Gewässer geeignet ist die Schwertlilie, der man die Fähigkeit zuschreibt, böse Geister abzuwehren.

Hydrangea
Ajisai

Hortensien *(Hydrangea)* fanden in Japan schon im Jahr 759 als Gartenpflanzen Erwähnung, doch so richtig durchgesetzt haben sie sich nie. Die vier Blütenblätter und die relativ düsteren Purpurtöne wurden mit Tod und Verderben in Verbindung gebracht. Ihr Vulgärname *ajisai* bedeutet »Purpur pflücken«. Man nannte sie auch *shichihenge,* was so viel wie »siebenmal anders« heißt und darauf hinweist, dass die Blüte im Lauf der Saison mehrmals ihre Farbe verändert.

Drei der wichtigsten Hortensienarten sind in Japan heimisch: *Hydrangea macrophylla, H. petiolaris* und *H. serrata*. Aus Japan stammen auch die bekannten Mophead-Hybriden mit großen, ballförmigen Blütenständen. Sie öffnen ihren Flor im Spätsommer und überstehen selbst heftigen Sommerregen schadlos. Auf sauren Böden mit reichlich Feuchtigkeit leuchtet das Blau der Blüten besonders intensiv. Die Teller-Hortensien, deren Flor stärker dem der Arten ähnelt, wirken ebenfalls sehr elegant und eignen sich für lichten Waldschatten. Sie sollen wegen ihrer geheimnisvollen Schönheit im Hintergrund schattiger Haine am besten zur Geltung kommen, vor allem regennass. Die Sorten von *H. macrophylla* eignen sich auch für Gefäße, vorausgesetzt, man düngt und wässert sie regelmäßig. Eine weitere gebürtige Japanerin ist die Rispenhortensie *(H. paniculata)* mit kegelförmigen Blütenständen, die im Spätsommer das Gärtnerherz erfreuen. Sie verträgt auch vollsonnige Standorte.

Hortensien sind in einer Vielzahl von Sorten für wohl jeden Geschmack erhältlich und in den letzten Jahren in Japan sehr populär geworden. Manche Städte haben sie sogar zur Wappenblume erhoben.

Blütezeit Juli–September
Wuchs Strauch, bis 2 m hoch
Schnitt Abgestorbene und überlange Triebe im zeitigen Frühjahr entfernen.
Standort Sonnig bis halbschattig, feuchte, nährstoffreiche Böden.
Winterhart ab Zone 5b

Links Eine große Gruppe von *Hydrangea macrophylla* in einem schattigen Waldstück.

Ipomoea (Pharbitis)
Asagao

Während der Nara- und Heian-Zeit besangen Dichter immer wieder gern die Prunkwinde als Symbol des ewigen Kreislaufs von Leben und Sterben, denn wenn eine Blüte vergeht, erscheint sogleich die nächste. Erst im 18. Jahrhundert allerdings kam die Prunkwinde bei den *daimyos* in Mode, die mit dazu beitrugen, dass eine Vielzahl neuer Formen in den verschiedensten Farbschattierungen gezüchtet wurde. Um 1830 kam es zu einer weiteren Renaissance der Prunkwinde, die seither in fast jedem Haushalt zu finden ist. Sie wird seit jeher in Gefäßen an filigranen Bambusgittern und -zäunen hochgezogen. Während viele Blüten mit Einsetzen der Sommerhitze welken, scheint die Prunkwinde die Wärme richtig zu genießen.

Blütezeit Sommer bis Herbst
Wuchs Kletterer, bis 6 m hoch
Standort Vollsonnig, alle Böden.
Frostempfindlich

Iris

Hana-shobu, kakitsubata

Die Schwertlilie zählt zu den beliebtesten Pflanzen in Japan. Die Japanische Sumpfschwertlilie *(Iris laevigata), kakitsubata* genannt, wächst in den Sümpfen um die alte Hauptstadt Nara, wo sie früher zur Gewinnung eines blauen Farbstoffs diente, mit dem ausschließlich die Roben der kaiserlichen Familie gefärbt wurden.

Die Japanische Sumpfschwertlilie wird in sumpfigen, aber nicht staunassen Böden kultiviert, oft in der Nähe von Bachmündungen. *Yatsu-hashi,* Zickzackstege, führen über ihre Beete hinweg, sodass der Besucher langsam gehen muss und die Pflanzen aus verschiedenen Blickwinkeln betrachten kann. Die Blüten, so heißt es, haben eine »natürliche Zierlichkeit«, die keiner Verbesserung mehr bedarf. Sie sind schmaler und kleiner als die größeren und flacheren Blüten von *I. ensata* var. *spontanea*, bekannt als *no-hana-shobu*.

Hanashobu sieht spektakulärer als *kakitsubata* aus und ist ein beliebtes Zuchtobjekt. Sie ist mittlerweile in einer Vielzahl von Blütenformen und Farben von Weiß über Rosa bis hin zu tiefem Purpur erhältlich und wird oft in großen Beeten in leicht abgestuften Reihen arrangiert oder in Töpfen gezogen, sodass man sie einzeln vor goldenen Faltwänden bewundern kann.

Wo beide Arten wegen zu großer Trockenheit nicht gedeihen, greift man oft auf die Deutsche Schwertlilie *(I. germanica)* zurück, die trockene Standorte liebt. Auch sie wird in großen, ausschließlich für Iris reservierten Beeten kultiviert. Einer gewissen Beliebtheit erfreuen sich in Japan außerdem die Dachschwertlilie *(I. tectorum)* und die Schatten liebende Gefranste Schwertlilie *(I. japonica),* deren wildes Aussehen wie geschaffen für Teegärten ist.

Blütezeit Sommer
Wuchs Bis 80 cm hoch
Standort Vollsonnig bis halbschattig, leicht saurer Boden. Winterhart ab Zone 6a

Nelumbo nucifera

Hasu

Wenn im Hochsommer die Höhepunkte in japanischen Gärten längst verblasst sind, kommt die Zeit der Lotosblume. Keine andere Pflanze wird stärker mit dem Hinduismus und Buddhismus in Verbindung gebracht. Viele Bildnisse zeigen Buddha im Zustand vollendeter Erleuchtung auf einer Lotosblume sitzend. Ihre Blüte versinnbildlicht die Entwicklung des menschlichen Geistes: Während die Wurzeln im Schlamm stecken, muss der Trieb durch Wasser und Luft zur Sonne streben, um sich schließlich rein und unbefleckt zu entfalten. Die radartige Anordnung der Blütenblätter wird ebenfalls oft mit dem Lebenszyklus verglichen. Gelegentlich gilt die Lotosblume allerdings auch als Blume des Todes, denn das Paradies des Amida im Westen besteht aus einem lotosbewachsenen See, in dem die Toten auf die Unsterblichkeit warten.

Wenn die jungen Blätter aus dem Wasser auftauchen, sind sie kupferbraun gefärbt. Kurz darauf verwandeln sie sich zu großen blaugrünen Muscheln, die selbst unter sengender Sommersonne stets frisch und lebendig aussehen. Im Verlauf von sechs Wochen öffnen sich immer neue Blüten. Bei Sonnenaufgang gehen die Knospen mit einem eigenartigen Geräusch auf. Die weißen Blüten von *N. nucifera* 'Alba' verströmen einen ausgesprochen intensiven, süßen Duft. Im Lauf des Tages schließen sie sich wieder. Nach ein paar Tagen beginnt ein Blütenblatt nach dem anderen abzufallen und gibt die honigwabenartigen Samenstände frei. Die Lotosblume ist eine wichtige Nahrungsquelle: Ihre Samen, Wurzeln und Blätter werden verzehrt, als Nutzpflanze gezogene Sorten blühen jedoch nur selten.

Leider ist die Pflanze kaum winterhart und außerdem sind in Mitteleuropa die Sommer einfach nicht heiß genug, um sie zur Blüte anzuregen. In solchen Fällen bietet sich die Seerose *(Nymphaea)* als Ersatz an, obwohl deren Blüten nicht an aufrechten Stielen übers Wasser emporragen.

Blütezeit Sommer
Wuchs Ragt bis 1 m aus dem Wasser.
Standort Vollsonnig, in bis zu 60 cm tiefem Wasser. Frostempfindlich

Rechts, von oben nach unten
Ipomoea indica; Iris laevigata; Nelumbo nucifera, die heilige Lotosblume der Buddhisten.

Herbstfärbung

Gewächse, die im Herbst durch ihr farbenfrohes Laub begeistern, wurden als *momichi* bezeichnet. Mit der Zeit allerdings bedeutete *momichi* das Betrachten der wunderschönen Tönungen von Fächerahornen *(kaede)*. Selbst die Götter, hieß es, pflegten ihr Haar mit Ahornblättern zu verzieren, um dem Baum in seinem Herbstkleid Tribut zu zollen.

Acer palmatum
Kaede

Der Fächerahorn *(Acer palmatum)* rangiert in der Beliebtheitsskala in Japan gleich an zweiter Stelle hinter der Kirsche. Viele Japaner nehmen sogar eigens Urlaub, um die brillante Herbstfärbung dieser Bäume in aller Ruhe genießen zu können. *A. palmatum* ist in Japan heimisch und wächst an Hängen neben Sicheltannen, Bambusarten und Kiefern.

Auch *A. micranthum*, *A. tataricum* var. *ginnala* und *A. japonicum* gehören zur japanischen Flora und sind gelegentlich in den Gärten des Landes anzutreffen, denn auch sie warten mit einer schönen Herbstfärbung auf. Mittlerweile gibt es Hunderte von Sorten, manche davon mit auffallenden Blattformen oder panaschierten und purpurfarbenen Blättern. Mittelpunkt von Festen in Gärten und freier Natur ist und bleibt aber der Fächerahorn mit seinem feurigen Rot und brillanten Orange, das im November Tempel und Gärten von Kyoto förmlich in Flammen setzt.

Schön anzusehen sind Sorten mit lachsrosa Laub im Frühjahr, andere färben sich im Herbst nicht rot, sondern gelb, und wiederum andere zeichnen sich durch leuchtend rote oder grüne Zweige im Winter aus. Zwergformen und Züchtungen mit tief geschlitztem Laub eignen sich besonders für kleinere Gärten. Purpurblättrige Sorten indes meidet man besser, denn sie lenken oft von sorgfältig arrangierten, harmonischen Kompositionen ab.

Wuchs Kleiner Baum, bis 8 m hoch

Schnitt Überlange oder gekreuzte Zweige im Spätwinter herausnehmen.

Standort Vollsonnig bis halbschattig, frische Böden. Winterhart ab Zone 6b

Empfehlenswerte Sorten von *A. palmatum*:

'Chitoseyama' mit leicht purpurn überlaufenem Laub, das sich im Herbst purpurrot färbt.

var. *dissectum*: Die Dissectum-Gruppe umfasst kleine, rundliche Sträucher mit tief geschlitzten Blättern und schöner Herbstfärbung.

'Ichigyoji' zeichnet sich durch kräftig grünes Laub aus, das im Herbst eine leuchtend gelbe Farbe annimmt.

Unten, von links *Acer palmatum* var. *dissectum* passt auch in kleinere Gärten; *Acer palmatum* mit orangegelber Herbstfärbung.

'Katsura' treibt im Frühjahr leuchtend rosafarbene Blätter aus, die im Herbst in feurigen Tönen leuchten.
'Linearilobum' hat tief geschlitzte, kräftig grüne, im Herbst gelbe Blätter.
'Omurayama' trägt grüne, fein geschlitzte Blätter und bekommt mit der Zeit einen eleganten überhängenden Habitus.
'Osakazuki' ist ein rundlicher Baum mit großen Blättern, die sich im Herbst orange und rötlich färben.
'Sangokaku' gefällt im Frühjahr mit einer lachsrosa Laubfarbe und im Herbst mit gelben Blättern an roten Trieben.

Cercidiphyllum japonicum
Katsura

Dieser mittelgroße Baum zeichnet sich durch aufsteigende Zweige und rundliche, im Herbst feurig leuchtende Blätter aus. Das abfallende Laub verströmt einen Duft, der an Karamell erinnert.
Wuchs Baum, 12–15 m hoch
Schnitt Überlange oder überkreuzte Zweige im Spätwinter herausnehmen.
Standort Sonnig bis absonnig, schwach saurer Boden.
Winterhart ab Zone 5b

Diospyros kaki
Kaki

Die Kaki zeigt sich im Herbst von ihrer besten Seite, denn ihre gelben bis orangefarbenen Früchte bleiben noch lange nach dem Laubfall am Baum haften. Sie schmecken von allen Dattelpflaumen am besten. Der Baum wird auch wegen seiner schönen Blätter kultiviert, die sich im Herbst gelb, orangerot und purpurn färben. In unseren Breiten gedeiht die bedingt winterharte Art nur in sehr geschützter Lage oder im Kalthaus.
Blütezeit Sommer
Wuchs Baum, bis 10 m hoch
Schnitt Überlange oder gekreuzte Triebe im Spätwinter abschneiden.
Standort Vollsonnig, geschützt, nährstoffreiche Böden.
Bedingt winterhart, ab Zone 8a

Enkianthus perulatus
Dodan

Dieser Strauch aus der Familie der Heidekrautgewächse trägt im Frühjahr Dolden aus kleinen creme- oder rosafarbenen Glockenblüten, doch pflanzt man ihn eher wegen seiner leuchtend roten und goldorangefarbenen Herbstfärbung. In manchen Gärten wird er so stark zurückgeschnitten, dass er nur spärlich blüht; ein Rückschnitt mit Fingerspitzengefühl bringt den etagenförmigen Wuchs gut zur Geltung. Man verwendet ihn als Heckengehölz oder zusammen mit immergrünen Gewächsen als grüne Kulisse. Eine gute Alternative ist *E. campanulatus*.
Blütezeit April–Mai
Wuchs Strauch, bis 2 m hoch
Schnitt Überkreuzte und zu lang gewordene Triebe im zeitigen Frühjahr herausschneiden.
Standort Sonnig bis halbschattig, feuchte, schwach saure Böden.
Winterhart ab Zone 6b

Ginkgo biloba
Icho

Die Blätter des Ginkgobaums färben sich im Herbst leuchtend gelb. Der ursprünglich in China beheimatete Baum ist seit Langem in ganz Japan zu finden und kann imposante Ausmaße erreichen.
Blütezeit Frühjahr
Wuchs Baum, bis 30 m hoch
Schnitt Kranke oder abgestorbene Zweige im März–April entfernen.
Standort Vollsonnig, alle Böden.
Winterhart ab Zone 5b

Oben, von links *Enkianthus campanulatus;* Früchte von *Diospyros kaki; Nandina domestica* im Herbst.

Nandina domestica
Nanten

Der Himmelsbambus ist kein Bambus, sondern mit Berberitzen verwandt. Im Sommer öffnet er kleine weiße Blüten, später folgen rote Beeren über dem glänzenden, gefiederten Laub, das sich im Herbst oft leuchtend rot färbt. Bei uns wirft er das Laub zum Großteil ab, in milden Gebieten ist er fast immergrün.
Blütezeit Hochsommer
Wuchs Strauch, bis 2 m hoch
Schnitt Überlange Triebe im Mai–Juni stutzen.
Standort Sonnig; feuchte Böden.
Winterhart ab Zone 8a

Weitere Herbstfärber:

Stewartia pseudocamellia (s. S. 136) färbt sich im Herbst auffallend gelb, orange, grün und rot. Auch *Styrax japonicum* (s. S. 137) und verschiedene *Prunus* (s. S. 134) bereichern den Herbstgarten.

Herbstblüher

Die »sieben Gräser des Herbstes« sind in Japan schon seit der Heian-Zeit im 11. Jahrhundert bekannt. Die Gruppe, deren Zusammensetzung sich im Lauf der Jahrhunderte immer wieder verändert hat, aber auch von Region zu Region unterschiedlich ist, setzt sich aus sieben Stauden zusammen. Ihnen allen ist gemeinsam, dass sie nach den sommerlichen Regenfällen und vor dem Laubfall blühen. Hier ein paar der ursprünglichen sieben Gewächse und einige, die seither in Mode gekommen sind.

Links Zwei Sorten der Japan-Anemone

Anemone

Die als Japan-Anemonen bezeichneten Stauden stammen alle von der chinesischen *Anemone hupehensis* ab, die unzählige Male gekreuzt wurde. Die hohe Staude mit rebenartigen Blättern trifft man oft in Schattengärten an, wo sie auf Moosflächen und am Ufer von Wasserläufen wächst. Als schönste Form gilt *A.* x *hybrida* 'Honorine Jobert' mit einfachen, reinweißen Blüten, doch gibt es unzählige weitere Züchtungen, deren Blütenfarbe von Weiß bis hin zu tiefstem Purpurrosa reicht; sogar Sorten mit gefüllten Blüten sind erhältlich. In nährstoffreichen Böden kann sich die Anemone stark ausbreiten, sodass sie eingedämmt werden muss.
Blütezeit August–Oktober
Wuchs Staude, gut 1 m hoch
Standort Sonnig bis halbschattig, nährstoffreiche, feuchte Böden.
Winterhart ab Zone 5b

Callicarpa japonica
Murasaki shikibu

Die nach Murasaki, der Schöpferin des Romans *Die Geschichte des Prinzen Genji*, benannte Japanische Schönfrucht ist ein niedriger, überhängender, sommergrüner Strauch, dessen dekorative Beeren im Herbst und Winter Farbakzente setzen. Häufiger in unseren Gärten ist die größere *C. bodinieri* 'Profusion'.
Blütezeit Spätsommer
Wuchs Strauch, etwa 1,5 m hoch
Schnitt Kann nach Frostschäden im zeitigen Frühjahr bis fast zum Boden zurückgeschnitten werden.
Standort Sonnig bis absonnig, nährstoffreiche Böden.
Winterhart ab Zone 7a

Chrysanthemum
Kiku

Einst schrieb man Extrakten und Ölen der Chrysantheme wundersame, lebensverlängernde Kräfte zu. Die seit Langem als Wappenblume der Kaiserfamilie geltende Pflanze ist wegen ihrer mystischen Bedeutung Gegenstand zahlreicher Märchen und Legenden. Ihre großen, rundlichen Prachtblüten sind in formalen Gärten nur selten zu finden, dafür schätzt man sie jenseits der Tempelmauern in Hausgärten und Töpfen als Herbstblüher. Manche Züchter kultivieren stolz die künstlich hochgezüchteten Riesenformen, doch in Gärten kommen meist die bescheideneren Arten zum Einsatz. Die mit der Chrysantheme verwandte *Leucanthemum* x *superbum* (früher *Chrysanthemum* x *superbum*) trägt einfache weiße Körbchenblüten mit gelber Mitte, die im Spätherbst blühen. Sie sind zusammen mit einer Reihe von Wildastern die erste Wahl für »Wildnisse« in Teegärten, wo die aufgeblähten Prachtformen deplatziert wirken würden.

Blütezeit Herbst
Wuchs Staude, bis 1,5 m hoch
Standort Vollsonnig, geschützt, nährstoffreiche Böden.
Winterhart ab Zone 6b

Eupatorium
Fujibakama

Die japanischen Arten des Wasserdosts, *Eupatorium chinense* und *E. lindleyanum,* sind hohe Stauden mit weißen oder blasspurpurnen Blüten in Schirmrispen, die gern von Bienen angeflogen werden. Dank ihrer verhaltenen Tönung und des aufrechten Wuchses eignen sie sich vorzüglich zum Auswildern. In naturnahe Gärten passt als Wildstaude auch die in Europa an feuchten Ufern und Gräben heimische Art *E. cannabinum.*
Blütezeit Herbst
Wuchs Staude, 1–2 m hoch
Standort Vollsonnig bis halbschattig, feuchte Böden.
Winterhart ab Zone 5b

Unten, von links nach rechts
Chrysanthemen in Töpfen; die langen Blütentriebe von *Lespedeza bicolor;* eine Krötenlilie *(Tricyrtis hirta).*

Lespedeza bicolor
Hagi

Der Zweifarbige Buschklee ist ein Strauch mit biegsamen, gebogenen Trieben, der erst spät austreibt. Seine purpurnen, besenartigen, bis zu 15 cm langen Blütentrauben erscheinen im Herbst an den Spitzen der Triebe.
Blütezeit August–September
Wuchs Strauch, bis 1,5 m hoch
Schnitt Im zeitigen Frühjahr bis zum Boden zurückschneiden.
Standort Vollsonnig, geschützt, durchlässige Böden.
Winterhart ab Zone 6b

Miscanthus sinensis
Obana, susuki

Weil das Chinaschilf in Japan Brachland besiedelt, findet es kaum als Gartenpflanze Verwendung, und wenn, dann nur mit viel Zurückhaltung. Die silbrigen Rispen erscheinen im Herbst und erreichen eine Höhe von 2 bis 4 m. *M. sinensis* 'Yakushimensis Dwarf' ist eine niedrige Sorte aus Yakushima, der Vulkaninsel vor Japans Südküste. 'Yakushimensis Dwarf' entwickelt sich zu einem rundlichen, 1 m breiten und hohen Horst. Ältere Blüten und Halme nehmen eine bräunliche Färbung an. Chinaschilf wird wie Seggen eher an Bachufern platziert.
Blütezeit Herbst
Wuchs Gras, bis 4 m hoch
Standort Vollsonnig, durchlässige Böden.
Winterhart ab Zone 6a

Platycodon grandiflorus
Kikyo

Die Ballonblume, ein Glockenblumengewächs, fällt durch aufgeblähte, gefältelte Blütenknospen ins Auge, die der Pflanze den Namen gegeben haben. Ihre breit becherförmigen Blüten sind meistens blau, doch findet man gelegentlich auch rosa oder weiße Exemplare. Die kompakte Staude bietet sich mit ihren blaugrünen Blättern als Uferbepflanzung von Bächen an.
Blütezeit Spätsommer
Wuchs Staude, bis 60 cm hoch
Standort Sonnig bis halbschattig, feuchte Böden.
Winterhart ab Zone 6a

Tricyrtis
Hototogisu

Der alte chinesische Name der Krötenlilie lautet übersetzt »Ölfleckenpflanze«, denn die Blüten sind mit kastanienbraunen bis purpurnen Flecken übersät. Die japanische Bezeichnung, *hototogisu,* hingegen bedeutet gleichzeitig »Kuckuck«, weil dieser eine gefleckte Brust hat. Die Gattung hat erst seit Kurzem in Japans Gärten Einzug gehalten. Ihre Wildformen zeichnen sich durch gedämpfte und geheimnisvolle Farben aus und eignen sich daher für Standorte im feuchten Schatten neben einem Teepfad oder an einem Bach.
Blütezeit Je nach Herbstverlauf von September bis November
Wuchs Staude, bis 80 cm hoch
Standort Halbschattig bis schattig, nährstoffreiche, saure, humushaltige, feuchte Böden. Durch den frühen Austrieb spätfrostgefährdet, deshalb im Frühjahr, wenn nötig, zusätzlich durch trockenes Laub oder Reisig schützen.
Winterhart ab Zone 7a

Immergrüne Sträucher

Die japanische Flora ist reich an immergrünen Sträuchern. Kamelien und Azaleen wurden bereits genannt (siehe Seite 132–133), sind aber auch in diesem Zusammenhang zu erwähnen, da sie das Grundgerüst der meisten immergrünen Pflanzungen bilden. Viele Immergrüne der japanischen Flora müssen in Mitteleuropa als Kübelpflanzen im Kalthaus überwintert werden.

Ardisia japonica
Yabu-koji

Der in vielen Gärten in Kyoto und im Süden anzutreffende Strauch ist bei uns in Mitteleuropa leider nicht winterhart. Die Korallenbeere erfreut das japanische Gärtnerherz mit reizenden weißen oder blassrosa Blüten, aus denen sich rote oder gelbe Beeren entwickeln, die vom Herbst bis in den Winter hinein am Strauch haften und auch als Neujahrsdekoration Verwendung finden. *A. crenata,* in Japan *manryo* genannt, ist ähnlich, wird mit 2 m aber etwas größer und trägt weiße oder rosafarbene Blüten sowie scharlachrote Früchte.

Blütezeit Sommer
Wuchs Strauch, bis 1 m hoch
Schnitt Überlange Triebe im Mai entfernen.
Standort Hell, aber nicht in praller Sonne, geschützt, feuchte, nährstoffreiche, saure Böden.
Im Kalthaus überwintern.

Aucuba japonica
Aoki

Die Japanische Aukube beeindruckt durch ihr glänzendes Laub. Der anspruchslose Strauch bevorzugt Schatten und gedeiht auch noch sehr gut als Unterpflanzung im Kronenbereich unter Bäumen, wo er selbst dem Wurzeldruck von Spitzahorn und Birken trotzt. Im Herbst schmücken sich weibliche oder einhäusige Sorten wie 'Rozannie' mit roten Beeren. Bei uns sieht man häufig Sorten wie 'Crotonifolia' mit gelb gefleckten Blättern, in Japan bevorzugt man allerdings meist die grünblättrige Art selbst oder schmalblättrige, grüne Sorten wie 'Salicifolia' oder 'Nana'.

Blütezeit April–Mai
Wuchs Strauch, bis 3 m hoch
Schnitt Im März–April unschön gewachsene Triebe herausnehmen.
Standort Halbschattig bis schattig, geschützt, alle Böden.
Winterhart ab Zone 8a

Daphne odora
Jinchoge

Dieser kleine immergrüne Strauch öffnet seine herrlich süß duftenden, rosaweißen Blüten sehr früh im Jahr. In Gärten wird meist die Form 'Aureomarginata' mit goldgelb gerandeten Blättern kultiviert, der eine höhere Winterhärte nachgesagt wird. Eine schöne Pflanze, die sich nicht zu sehr in den Vordergrund spielt. Winterhärtere immergrüne Arten, die als Ersatz für *D. odora* dienen können, sind *D. laureola* und *D. pontica,* die aber kaum oder längst nicht so stark duften.

Blütezeit Januar–April
Wuchs Strauch, bis 1,5 m hoch
Schnitt Nicht erforderlich
Standort Halbschattig, sehr geschützt, mäßig nährstoffreiche, feuchte, aber nicht nasse, etwas saure Böden.
Winterhart ab Zone 8b, empfindlich, bei uns im Kalthaus überwintern.

Elaeagnus x *ebbingei*
Gumi

In Kultur sind mehrere Arten von Ölweiden, die häufigste grünlaubige Form ist die wintergrüne Hybride *E.* x *ebbingei.* Sie trägt metallisch grünes, unterseits silbriges Laub und cremeweiße Glockenblüten, die im Herbst in den Blattachseln erscheinen und kaum zu sehen, dafür aber weithin zu riechen sind. Der Strauch eignet sich, weil er sehr schnittverträglich ist, sehr gut für gemischte Hecken oder einfach nur als grüne Kulisse. Es gibt auch panaschierte Sorten, die in einem japanischen Garten aber nichts zu suchen haben. Manchmal wirkt *E.* x *ebbingei* etwas zerzaust und muss dann geschnitten werden.

Blütezeit Herbst
Wuchs Strauch, bis 4 m hoch
Schnitt Überlange Triebe im April zurückschneiden.
Standort Sonnig bis halbschattig, alle Böden.
Winterhart ab Zone 7b

Fatsia japonica

Die in den Wäldern Japans beheimatete Art wird bei uns wegen ihrer großen, auffallenden, glänzenden, efeuartigen Blätter als Blattschmuckpflanze im Haus gezogen. Die Blüten ähneln ebenfalls denen des Efeus und sind anfangs blass-cremegrün, färben sich im Lauf der Zeit aber fast schwarz. x *Fatshedera lizei,* eine Kreuzung von *Fatsia* und *Hedera* (Efeu), bleibt mit rund 2 m Höhe kleiner.

Blütezeit Herbst

Wuchs Strauch, bis 4 m hoch

Schnitt Nicht erforderlich

Standort Sonnig bis halbschattig, alle Böden.

Als Kübelpflanze im Kalthaus überwintern.

Mahonia japonica

Ein aufrechter, etwas an Ilex erinnernder Strauch mit gefiedertem Laub, mit den Berberitzen verwandt. Diese Art wartet bereits im Winter und zeitigen Frühjahr mit gelben Blütentrauben auf. Sie duften süß und fallen durch ihre Form ins Auge. Zu stark verholzte und dichte Exemplare schneidet man nach der Blüte stark zurück, wobei man zuerst die alten Triebe entfernt.

Blütezeit Spätherbst bis zeitiges Frühjahr

Wuchs Strauch, bis 2 m hoch

Schnitt Bei zu dichtem Wuchs nach der Blüte auslichten.

Standort Halbschattig, geschützt, jeder normale Boden.

Winterhart ab Zone 7b

Osmanthus heterophyllus

Hiiragi

Osmanthus fragrans, eine verwandte Duftblüte, wird in Japan wegen ihrer cremefarbenen Herbstblüten gern gepflanzt, ist jedoch bei uns nicht winterhart. Robuster sind *O.* x *fortunei (O. fragrans* x *O. heterophyllus)* und *O. heterophyllus,* ein breitwüchsiger Strauch mit stechpalmenartigen Blättern.

Blütezeit Herbst

Wuchs Strauch, bis 4 m hoch

Schnitt Im April durch Rückschnitt in Form bringen.

Standort Halbschattig, geschützt, alle gewöhnlichen Böden.

Winterhart ab Zone 7a

Photinia glabra

Kaname-mochi

Glanzmispeln sind ansehnliche Großsträucher, die man oft als Schattenspender oder grüne Hintergrundpflanzung nutzt. Die weißen Blüten erscheinen vom Frühjahr bis zum Sommer in lockeren Rispen. *Ph. glabra* ist nicht sehr winterhart, robuster sind Hybriden wie 'Red Robin' und 'Birmingham', deren Laub im Austrieb rosarot überlaufen ist. Glanzmispeln lassen sich problemlos stutzen und eignen sich auch als Heckenpflanzen.

Blütezeit Mai–Juni

Wuchs Strauch, bis 3 m hoch

Schnitt Unschöne Triebe im zeitigen Frühjahr herausnehmen.

Standort Sonnig bis halbschattig, geschützt, frische Böden.

Winterhart ab Zone 7b–8a

Pieris japonica

Asebi

Der japanische Name *asebi,* übersetzt »Pferd-betrunken«, bezieht sich auf die giftige Wirkung der Lavendelheide auf Tiere. Der kompakte Strauch öffnet im zeitigen Frühjahr hängende, weiße, maiglöckchenartige Blüten in Rispen. Der frische Laubaustrieb ist rosa überlaufen, bei der Sorte 'Mountain Fire' ist das Laub anfangs bronzerot bis kardinalrot. Bei der Hybride *P.* 'Forest Flame' (eine Kreuzung von *P. japonica* mit der ostasiatischen, nicht in Japan heimischen *P. formosa* var. *formosa)* sind die jungen Blätter leuchtend rot, sie ist jedoch nicht so hart wie *P. japonica*. Lavendelheide bevorzugt saure Böden mit reichlich Humus und verträgt im Spätsommer auch Trockenheit. Sie wird meist ein mittelgroßer Strauch, selten ein kleiner Baum. Oft zieht man sie auch als Kübelpflanze. Im Handel sind eine Reihe kleinblättriger und zwergiger Sorten wie etwa 'Little Heath', die nicht einmal 1 m erreicht.

Blütezeit März–Mai

Wuchs Strauch, bis 3 m hoch

Schnitt Totes Holz nach der Blüte entfernen.

Standort Vollsonnig bis absonnig, saure Böden.

Winterhart ab Zone 6b

Gegenüber und oben, von links nach rechts *Ardisia japonica* mit gelben Beeren; Blütenknospen von *Fatsia japonica;* junges Laub von *Photinia* 'Red Robin'; die duftenden Blüten von *Mahonia japonica; Pieris japonica* mit heidekrautartigem Flor; *Osmanthus heterophyllus* in Blüte.

Formschnitt und Hecken

Pflanzungen aus Kamelien, Azaleen, Lavendelheide und Glanzmispel sowie immergrüne Eichen und Ilex eignen sich für *o-karikomi*, das japanische Äquivalent unseres Formschnitts. Gern integriert man sie auch in Hecken. In der Nähe von Teegärten zieht man oft niedrige Hecken aus Teesträuchern *(Camellia sinensis),* die wesentlich kleinere Blätter und Blüten als die dekorativeren Kamelien tragen.

Immergrüne Koniferen

Die japanische Bezeichnung für Koniferen lautet *shohaku-rui*. Vor allem den hohen, geraden Kiefern sagte man nach, sie lockten die Götter auf die Erde. Immergrüne Bäume gelten von jeher als Symbole der Selbstbeschränkung, Beständigkeit und Treue.

Chamaecyparis obtusa
Hinoki

Die Hinoki-Scheinzypresse ist ein wertvoller Holzlieferant und wird in Wirtschaftswäldern gern zusammen mit der Sicheltanne angepflanzt. In Gärten begegnet man eher den Zwergformen wie der bis zu 3 m hohen 'Nana Gracilis' und der nicht einmal 2 m hohen 'Pygmaea'. Beide sind ausdrucksvoller als die meisten zypressenartigen hohen Sorten. *C. obtusa* verträgt auch exponierte Standorte und eignet sich für Hecken- und Formschnitt *(o-karikomi)* gleichermaßen.

Wuchs Baum, bis 20 m hoch
Schnitt Lediglich abgestorbene und kranke Triebe herausnehmen.
Standort Sonnig, leicht saure Böden.
Winterhart ab Zone 4

Cryptomeria japonica
Sugi

Die Sicheltanne ist nach der Kiefer der bedeutendste japanische Baum. Er kann ein Alter von über 2000 Jahren erreichen und wird oft als Zeichen der Tugend sowie als Hüter buddhistischer und shintoistischer Schreine gepflanzt.

Sicheltannen findet man in den meisten japanischen Wirtschaftswäldern. Ihr Holz lässt sich leicht bearbeiten und kommt sehr häufig in der Bauindustrie zum Einsatz. Wegen seines Dufts fertigt man daraus gern Sake-Schalen. Der hohe, kegelförmige Baum trägt pfriemförmige, spiralig angeordnete Nadelblätter. Er wird in Gärten gern entwipfelt, wobei man den neuen Wuchs etagenförmig mit pomponartigen Laubbüscheln am Ende der Zweige schneidet. Gelegentlich werden Sicheltannen auch als Solitäre oder in Mischhecken kultiviert. Es gibt zahlreiche Sorten, von denen viele eher reine Kuriositäten sind.

Wuchs Baum, bis 25 m hoch
Schnitt Nicht erforderlich
Standort Sonnig bis halbschattig; tiefgründige, feuchte, schwach saure Böden.
Winterhart ab Zone 6b

Weitere Nadelgehölze für den japanischen Garten:

Chamaecyparis pisifera: Die Sawara-Scheinzypresse ist ein kegelförmiger, bis zu 20 m hoher Baum.
Juniperus chinensis: Der China-Wacholder, *ibuki* genannt, ist ein stark verzweigter, bis 20 m hoher Großstrauch oder Baum mit kräftig grünem Laub.
Podocarpus macrophyllus (kusa-maki): Die Großblättrige Steineibe wächst kegelförmig, wird bis 15 m hoch; nicht sehr winterhart.
Sciadopitys verticillata: Die Schirmtanne, *koya-maki,* ist ein kegelförmiger Baum mit eigenartigen Doppelnadeln in Wirteln. Sie wird bis zu 10 m hoch.
Taxus cuspidata: Die Japanische Eibe, ein aufrechter Strauch oder kleiner Baum, wird bis 15 m hoch. In Japan nennt man ihn *ichii.*
Thujopsis dolobrata: Der bis 20 m hohe Hiba-Lebensbaum macht durch seinen dichten, kegelförmigen Wuchs auf sich aufmerksam und heißt in Japan *asunaro.*

Ganz links *Thujopsis dolobrata*
Links *Podocarpus macrophyllus*

Oben, von links nach rechts
Japanische Rotkiefer *(Pinus densiflora);* Thunbergs Kiefer *(Pinus thunbergii);* Mädchenkiefer *(Pinus parviflora).*

Pinus densiflora
Aka-matsu

Das japanische Pendant unserer heimischen Waldkiefer sticht durch die rundliche Krone und rosarote Borke ins Auge. Die Japanische Rotkiefer wird oft so geschnitten, dass ihre weiche Krone und das elegante, verzweigte Geäst besonders gut zur Geltung kommen. Die Zwergform 'Umbraculifera', ist ein kompaktes, 2–3 m hohes buschiges Gehölz mit rundlicher oder abgeflachter Krone. Es wird gern in Hainen auf kleinen Hügeln gepflanzt, sodass der Eindruck entsteht, es handle sich um eine großräumigere Landschaft.
Wuchs Baum, bis 20 m hoch
Schnitt Braucht wenig Schnitt, um eine kräftige Struktur zu entwickeln.
Standort Vollsonnig, alle durchlässigen Böden.
Winterhart ab Zone 6b

Pinus parviflora
Go-yo-matsu

Die in Japan heimische Mädchenkiefer trägt kürzere, graugrüne Nadeln und wächst langsamer als *P. densiflora* oder *P. thunbergii,* wird aber schließlich ebenfalls baumförmig. Es sind zahlreiche für den Hausgarten geeignete Zwergsorten im Handel, darunter 'Glauca Nana' und 'Pygmy Yatsubusa'.
Wuchs Baum, bis 15 m hoch
Schnitt Muss nur wenig geschnitten werden, um einen guten Wuchs zu entwickeln.
Standort Vollsonnig, alle durchlässigen Böden.
Winterhart ab Zone 6b

Pinus thunbergii
Kuro-matsu

Thunbergs Kiefer wächst knorriger und hat dunklere Nadeln und Borke als *P. densiflora*. Sie wird meist durch Schnitt in eine waagrechte, windzerzauste Haltung gezwungen und ist der beliebteste Bonsaibaum.
Wuchs Baum, bis 25 m hoch
Schnitt Zu Beginn der Wachstumsperiode
Standort Vollsonnig, alle durchlässigen Böden.
Winterhart ab Zone 6a

Weitere für japanische Gärten geeignete Kiefern:

Waldkiefer *(Pinus sylvestris)*, besonders 'Watereri'; Bergkiefer *(P. mugo)*, die mit einer Höhe von 3,5 m besonders für Hausgärten geeignet ist.

Rechts *Cryptomeria japonica*

Heilige Kiefern

Die Kiefer heißt in Japan *matsu,* was übersetzt etwa »auf einen Gott warten« bedeutet. Sie galt als Königin der Bäume und war ein wichtiges Sinnbild in der Dichtkunst. Kiefernäste werden gern zu Neujahr sowie für Mondfeiern und Hochzeiten geschmückt. Zu den bedeutendsten Naturlandschaften Japans gehört die Matsushima-Bucht im Norden von Honshu, die mit über 800 kiefernbewachsenen Inseln übersät ist.

In Japan gibt es nur wenige Anlagen, in denen keine Kiefern stehen. Sie gehören zusammen mit Azaleen und Ahornen zu den wichtigsten Gartenelementen des Landes. Man pflegt sie meist mit großem Aufwand, etwa indem man stundenlang vertrocknete Nadeln abzupft oder die Äste so schneidet, dass sie an vom Wind gebeugte, knorrige Exemplare an Berghängen oder Küsten erinnern.

Die beiden beliebtesten Arten sind *Pinus densiflora* und *P. thunbergii,* die jeweils als »weibliche« und »männliche« Kiefer gelten.

Schmuckstücke

In diesem Kapitel werden Gewächse zusammengefasst, die man nach Belieben an den Rand eines Teepfads setzen oder in schattigen Innenhöfen pflanzen kann. Viele von ihnen sind in Hunderten von interessanten, ja bizarren Formen erhältlich und werden häufig in Töpfen gezogen, damit man sie besonders ins Rampenlicht rücken kann. In der Regel integriert man sie allerdings nicht in Pflanzungen, da sie die Gesamtkomposition stören können. Manche der epiphytisch wachsenden Farne sind zu begehrten Züchterobjekten avanciert und werden als Ausstellungsstücke kultiviert.

Alcea rosea
Tachia-oi

Die Stockrose, so unglaublich es klingen mag, ist keine alte europäische Gartenpflanze, sondern stammt ursprünglich aus China, wo sie schon seit über tausend Jahren kultiviert wird. In Japan findet man sie bereits seit der Heian-Zeit in Gärten. Sie steht noch heute in der Gunst der Gärtner weit oben und findet wegen ihres hohen, schmalen Wuchses in Hausgärten oft Verwendung.
Blütezeit Juni–Juli
Wuchs Staude, gut 2 m hoch
Standort Vollsonnig, alle Böden.
Winterhart ab Zone 6a

Equisetum hyemale
Tokusa

Schachtelhalme gelten bei uns als interessantes, aber lästiges Unkraut auf vernässten Böden. Die in Japan zu findenden Arten sind nicht so invasiv und wirken etwas imposanter. Die immergrünen, vertikalen, blattlosen Sprosse des auch in Europa heimischen Winterschachtelhalms *(E. hyemale)* bieten einen ausgesprochen exotischen Anblick.
Wuchs Staude, bis 1 m hoch
Standort Sonnig bis halbschattig, feuchte Böden.
Winterhart ab Zone 5a

Farfugium japonicum
Tsuwa-buki

Die gelben Blüten dieser immergrünen Staude mit muschelförmigen Blättern bringen Leben in dunkle, feuchte Winkel. Sie ähneln denen mancher Ligularien. Man hat mittlerweile viele panaschierte Sorten gezüchtet, von denen 'Aureomaculatum' mit gelb gesprenkelten Blättern vermutlich am verbreitetsten ist.
Blütezeit Herbst bis Frühwinter
Wuchs Staude, bis 60 cm hoch
Standort Halbschattig, feuchte Böden.
Winterhart ab Zone 7a

Ganz links Eine Stockrose *(Alcea rosea)*
Links Die Halme von *Equisetum hyemale*

Hosta
Giboshi

Schon seit der Heian-Zeit zählen Funkien zum festen Repertoire japanischer Gärten. Man schätzt vor allem ihr dekoratives Laub, während die Blüten eine untergeordnete Rolle spielen. *H. sieboldiana* zählt zu den Arten mit den größten Blättern. Sie wächst in freier Natur auf 1000 m Höhe am Fuß des Fudschi. *H. plantaginea* stammt aus China und macht mit weißen, duftenden Blüten auf sich aufmerksam, während *H. montana* und *H. tardiva,* zwei in Japan heimische Arten, ihrer Blätter wegen kultiviert werden. *H. ventricosa,* eine weitere Zuwanderin aus China, zieht mit ihren hübschen violetten Blüten und den kräftigen, grün gerippten Blättern die Blicke auf sich.

Wie viele andere Pflanzen wurden auch Funkien im 19. Jahrhundert wegen ihrer vielfältigen Laubformen selektiert. Sorten mit panaschierten und gedrehten Blättern präsentierte man meist als Solitäre, statt sie in eine Komposition einzubinden. *H. sieboldiana* wird auch als Delikatesse geschätzt. Die langen, speerartigen Triebe werden mit Stroh bedeckt, damit sie bleichen, und wachsen zu mehrere Zentimeter langen Leckerbissen heran, die man gedämpft verspeist.
Blütezeit Sommer
Wuchs Staude, 25–90 cm hoch
Standort Sonnig bis halbschattig, feuchte Böden, vor Schnecken schützen.
Winterhart ab Zone 6a

Houttuynia cordata
Dokudami

Die Art ist in vielen japanischen Gärten zu finden. Sie wird meist am Ufer von Gewässern gepflanzt, kann sich allerdings unkrautartig ausbreiten. Die herzförmigen Blätter verströmen beim Zerreiben einen kräftigen Geruch, während die kleinen weißen Blüten zu Kräutertee getrocknet werden. *H. cordata* ist zwar in einer Reihe panaschierter Formen erhältlich, doch die reingrüne Art steht in der Gunst der Gärtner nach wie vor weit oben.
Blütezeit Frühjahr
Wuchs Staude, bis 30 cm hoch
Standort Vollsonnig, feuchte Böden.
Winterhart ab Zone 7

Lilium
Yuri

Als die Goldbandlilie *(Lilium auratum)* 1862 in Großbritannien erstmals vorgestellt wurde, sorgte sie für großes Aufsehen. *Yamayuri,* wie sie in ihrer japanischen Heimat genannt wird, trägt große weiße, innen golden gebänderte, gesprenkelte Trompetenblüten. Sie gehört zu den wenigen in Japan heimischen Duftpflanzen und besiedelt dort bevorzugt die Asche erloschener Vulkane. Sie ist recht anspruchsvoll und braucht saure Böden mit reichlich Humusanteil. Wesentlich leichter zu kultivieren sind Hybriden aus *L. auratum* und *L. speciosum*. In japanischen Gärten zieht man Lilien in Töpfen und präsentiert sie als saisonalen Blütenschmuck.

Die nicht duftende, aber mit ihren orangefarbenen und gelben, stark gefleckten, zurückgebogenen Blütenblättern sehr auffällige Tigerlilie *(L. lancifolium)* wird vielerorts wegen ihrer essbaren Zwiebeln als Nutzpflanze kultiviert und gelangt daher nur selten zur Blüte.
Blütezeit September–Oktober
Wuchs Zwiebelpflanze, bis 1,5 m hoch
Standort Vollsonnig, saure Böden.
Winterhart ab Zone 6a

Ophiopogon japonicus
Ja-no-hige, ryu-no-hige

Der Schlangenbart ist eine grasartige Pflanze mit dicken, ledrigen Blättern und wuchskräftig genug, um ganze Gärten in Beschlag zu nehmen. Er braucht anfangs nur wenig Pflege und wächst fast wie von selbst ein. Die mit *Liriope* verwandte Art zeichnet sich durch dunkelgrüne, bogige Blätter aus. Mit einem grünen Teppich aus Schlangenbart kann man größere Pflanzen wie Ahorne, Azaleen und Bambusse effektvoll untermalen. Der Flor ist weiß oder blassblau gefärbt und wird von kleinen schwarzen Beeren abgelöst, doch sind sowohl die Früchte als auch die Blüten recht unscheinbar. Die Zwergform 'Minor' eignet sich besonders für Kleingärten. Bei uns ist die etwa 20 cm hohe Sorte *O. planiscapus* 'Nigrescens'

Rechts, von oben nach unten
Farfugium japonicum, eine immergrüne Staude; eine Lilienhybride ('Royal Class'); *Hosta sieboldiana.*

Links, von oben nach unten
Phyllostachys nigra 'Boryana'; *Shibataea kumasasa; Pseudosasa japonica*

Oben *Ophiopogon japonicus*

verbreitet; sie kommt oft in modern gestalteten Anlagen zum Einsatz.
Blütezeit Sommer
Wuchs Staude, bis 60 cm hoch
Standort Vollsonnig bis halbschattig, leicht saure Böden.
Winterhart ab Zone 7a

Pachysandra terminalis
Fukkiso

Der immergrüne Japanische Ysander ist mit seinen grob gesägten Blättern in westlichen Gärten ein ausgesprochen beliebter Bodendecker für relativ trockene, schattige Areale geworden und in manchen Regionen fast schon allgegenwärtig. Zwar trägt der Halbstrauch recht ansehnliche, kleine weiße Blüten, doch lohnt es sich nicht, ihn nur wegen seines Flors zu kultivieren. Die panaschierte Form 'Variegata' ist nicht so wüchsig wie die Art.

Blütezeit Frühsommer
Wuchs Staude, bis 20 cm hoch
Standort Schattig, alle Bodentypen.
Winterhart ab Zone 5b

Bambus
Take

Die meisten japanischen Gärten sind im gemäßigten Klima zu finden, in dem Azaleen, Kirschen und Pflaumen gedeihen. Subtropische und tropische Gewächse sind für diese Breiten naturgemäß nicht geeignet, was aber nicht heißt, dass man auf ein »tropisches« Aussehen ganz verzichten muss, denn es gibt genügend harte Arten mit exotischem Flair, wie etwa den Bambus. Manche Bambusarten sind allerdings ausgesprochen invasiv und müssen durch Rhizomsperren im Zaum gehalten werden. Die meisten hier aufgelisteten Arten bevorzugen vollsonnige bis halbschattige Standorte.
Phyllostachys aurea: Diese Art erreicht eine Höhe von bis zu 10 m. Sie hat mittelgrüne Halme, die sich mit der Zeit goldbraun färben, und breitet sich aus, weshalb man den Wurzelraum beschränken sollte.
P. aureosulcata bleibt mit 6 m Höhe kleiner und treibt bräunlichgrüne, dekorativ gelb gerippte Halme aus.
Winterhart ab Zone 7b.
Phyllostachys edulis ist in Wäldern um Japans Städte verwildert und wird dort oft wegen seiner riesigen Halme geerntet. Er kann in günstigen Lagen über 6 m hoch werden, ist bei uns aber nicht ausreichend winterhart. *P. edulis* 'Heterocycla' beeindruckt durch faszinierende, schildkrötenförmige Internodien.
Winterhart ab Zone 8b.
Auch *Phyllostachys nigra* erfreut sich in Japan und im Westen großer Beliebtheit. Man schätzt ihn wegen seiner glänzend schwarzen Triebe, die bei der Form 'Munro' besonders auffällig sind. Sie bilden einen spannungsreichen Kontrast zu den üppig grünen

Blättern. Die Art erreicht bis zu 5 m Höhe.
Winterhart ab Zone 8a.
Pleiobastus humilis ist ein mit 1,5 m Höhe relativ niedriger Bambus. Er zieht vollsonnige bis halbschattige, geschützte Standorte vor, treibt dunkelgrüne Halme sowie hellgrünes Laub und kann durch Rhizome lästig werden (Rhizomsperre setzen!). Der wesentlich kleinere *P. pygmaeus* wird ganze 60 cm hoch und eignet sich als Bodendecker. Wenn man ihn auf 5–10 cm zurückstutzt, gibt er sogar einen guten Rasen oder Moosersatz ab.
Winterhart ab Zone 7a.
Pseudosasa japonica (Sasa japonica) ist ein zäher, recht invasiver Bambus mit dunkelgrünem Laub an hellbeigefarbenen, bis 5 m hohen Halmen.
Winterhart ab Zone 7b.
Als sehr nützlich hat sich *Shibataea kumasasa* erwiesen. Man lässt ihn bis zu 1,5 m hoch werden oder schneidet ihn als niedrige Hecke von rund 60 cm. Er liebt feuchte Böden.
Winterhart ab Zone 7a.

Farne

Japanische Farne werden als ausgezeichnete, schön strukturierte Pflanzen geschätzt, mit denen man die harten Linien von Felsgruppen vorzüglich auflockern kann. Sie eignen sich jedoch ebenso gut als Kulisse für immergrüne Gewächse mit glänzendem Laub und werden in Teegärten verwendet, um dem Areal ein bewaldetes, »wildes« Aussehen zu verleihen. Perlfarn *(Onoclea sensibilis)* und Königsfarn *(Osmunda regalis)* sind wie geschaffen für japanische Gärten. Gut mit Farnen kombinieren lassen sich Kamelien mit hellen Farben und einfachen Blüten, Aukuben, Himmelsbambus und Ahorne.

Palmen und Palmfarne

Japanische Gärten enthalten zwar eher Pflanzen aus gemäßigten Klimazonen, doch kann man durchaus Palmen oder andere Exoten darin platzieren, sofern sie nicht den Gestaltungsprinzipien für diesen Gartentyp widersprechen. Da in Mitteleuropa keine Palme völlig winterhart ist, muss man sie allerdings fast überall in Kübeln ziehen und im Kalthaus überwintern.
Cycas revoluta: Der Japanische Palmfarn ist eine altertümliche Pflanze von den südlichen japanischen Inseln. Die beliebte Pflanze sieht ob ihrer glänzenden Blätter wie eine Kreuzung aus Palme und Farn aus, ist aber eher ein Verwandter der Nadelbäume. Sie kann eine Höhe von 2 m erreichen und braucht vollsonnige Standorte sowie feuchte, nährstoffreiche Böden. Sie muss selbst in Kyoto im Winter eingewickelt werden, was wie alles in japanischen Gärten zur Kunstform erhoben wurde.
Rhapis excelsa: Die Steckenpalme *(shuro)*, früher *Chamaerops excelsa* genannt, stammt aus China und kam im 19. Jahrhundert nach Japan. Sie ist gedrungener und stacheliger als die Hanfpalme, doch nicht so hart wie diese. Sie wird rund 5 m hoch, verträgt alle Böden und braucht einen geschützten Standort im lichten Schatten.
Trachycarpus fortunei: Die Chinesische Hanfpalme *(to-juro)* wurde ursprünglich in Japan als Faserlieferantin gezogen, ist jedoch mittlerweile in vielen Landesteilen verwildert. Sie wächst aufrecht und kann 20 m Höhe erreichen. Ihre fächerförmigen Wedel werden 1 m lang und 75 cm breit. Diese einzige an äußerst geschützten Stellen in Mitteleuropa einigermaßen winterharte Palme sollte man windgeschützt und vollsonnig bis lichtschattig pflanzen. An den Boden stellt sie keine besonderen Ansprüche.

Oben Die Hanfpalme ist eine der winterhärtesten Palmen überhaupt.

Ganz links Perlfarn *(Onoclea sensibilis)*
Links Königsfarn *(Osmunda regalis)*

Allgemeine Pflege

Mit dem Arbeitsaufwand in japanischen Gärten verhält es sich recht sonderbar: Zum einen brauchen eine Kiesfläche, Steine, eine einzelne Kiefer oder ein Bambus fast keine Pflege, zum anderen aber ist ein Garten mit einem lebendigen Grün aus Moosteppich, mehreren Bäumen, geschnittenen und ungeschnittenen Sträuchern und einem Teich überaus arbeitsintensiv.

Oben links Laub kehren.
Oben rechts Zäune reparieren.

Selbst ein ausgesprochen naturnaher Teegarten muss sorgfältig gepflegt und gesäubert werden. Wie bei so vielen japanischen Künsten bringt man auch in der Gartenkultur jedem Detail ungewöhnlich viel Aufmerksamkeit entgegen. Zahlreiche Anlagen müssen trotz ihrer eher minimalistischen Gestaltung mit mindestens ebensolchem Aufwand bewirtschaftet werden wie traditionelle Gärten in unseren Breiten. Dazu zählen ein gekonnter Schnitt, das Bürsten und Harken von Flächen, das Jäten von Unkraut und andere Pflegearbeiten.

Schnitt

Durch viele öffentliche und private Gärten in Japan werden ein- oder zweimal im Jahr Spezialunternehmen geschickt, um den Schnitt der Gehölze durchzuführen. Bei den meisten Bäumen und Sträuchern reicht zwar ein einmaliger Schnitt im Herbst, doch einige Gewächse, z. B. Zieraprikosen, müssen sofort nach der Blüte zurückgestutzt werden. Professionelle Gartenpfleger lehnen zwar den Einsatz elektrischer Heckenscheren ab, gerade bei großen Gärten und Hecken aber sind solche Geräte am effizientesten. Kamelien und großlaubigen Pflanzen allerdings rückt man besser mit der Gartenschere zu Leibe. Dabei geht es nicht nur um bloßes Verjüngen oder Zurückstutzen, sondern auch darum, die natürliche Form und Struktur einer Pflanze zu betonen. Manchmal dauert es Jahre, bis man so gut schneiden gelernt hat wie ein professioneller Gärtner.

Der Schnitt ist in japanischen Gärten von besonderer Bedeutung, da die Areale oft ziemlich dicht bepflanzt sind und die richtige Menge Licht durch das Grün fallen muss. Zu viel Sonne schadet der einen Pflanze, zu viel Schatten der anderen. Weder dürfen das Moos, das Gras oder andere Bodendecker verkümmern und der Boden exponiert werden, noch sollen Schatten liebende Arten versengt werden.

Jäten

Zwar gibt es in japanischen Gärten keine Blumenbeete, doch muss trotzdem überall gejätet werden, zwischen Pflanzen ebenso wie in Moosteppichen oder auf Pfaden. Man kann Unkrautvernichtungsmittel oder Mulchfolien verwenden, sollte aber nicht vergessen, dass das Gärtnern eine meditative, beruhigende Tätigkeit ist, der man geduldig und aufmerksam zugleich nachgehen sollte, wie es dem Geist eines japanischen Gartens entspricht.

Kies harken

Zu den meditativsten Arbeiten zählt das Harken von Kies in Trockengärten. Die rhythmischen, konzentrierten Bewegungen sind nach wie vor fester Bestandteil spiritueller Praktiken von Zen-Mönchen und deren Gehilfen. Kies ist zwar grob genug, um selbst Wolkenbrüche unbeschadet zu überstehen, doch müssen die Flächen nach einigen Tagen oder einer Woche trotzdem geharkt werden.

Im berühmten Garten des Shisendo-Tempels in Kyoto besteht die Oberfläche des Trockengartens aus feinem Sand, der gebürstet statt geharkt wird. Mit Bambus- und Reisigbesen fegt man Muster in die »Leinwand« und entfernt gleichzeitig Unrat und welke Blätter von den Wegen. Auch darf Herbstlaub nicht zu lange auf dem Moos liegen bleiben. Zum Schluss prüft man, ob der Teepfad sauber und frei von Moos und Algen ist.

Rechts Mit ausgefeilten Gerüsten werden die Äste einer Kirsche gestützt.

Unten rechts Eine mit Gärtnervlies umwickelte alte Kiefer

Gewässer pflegen

Wer in seinem Wassergarten keinen natürlichen Bach oder eine Quelle hat, aus der die Teiche gespeist werden, muss gelegentlich die Filter der installierten Pumpen reinigen. Vor allem kleinere Teiche müssen vom Schlamm befreit werden, der sich mit der Zeit am Grund ansammelt. Möglicherweise muss ein Teich auch ganz abgelassen und gesäubert werden, da er sonst verlandet. Sauberes, frisches Wasser ist natürlich besonders wichtig, wenn darin Kois oder andere Fische schwimmen.

Weitere Aufgaben

Gelegentlich müssen Bambuszäune und Tore repariert und neu geflochten werden. Baumstützen sind manchmal komplizierte Gebilde, an die Äste mit schwarzen und naturfarbenen Jute- oder Sisalschnüren festgebunden werden (mittlerweile sind synthetische schwarze Imitate erhältlich, die wesentlich länger halten).

Größere Gärten haben Rasenflächen, doch ist das Gras in japanischen Gärten meist grob und darf nicht zu kurz gemäht werden. Wächst statt Gräsern Zwergbambus, muss dieser ein- oder zweimal im Jahr auf höchstens 10 cm geschoren werden.

Glossar

Amanohashidate Lange, mit Kiefern bewachsene Sandbank an der Nordküste von Honshu, die in japanischen Gärten oft symbolisch nachempfunden wird.
Amida Buddha, dessen verheißungsvolles Paradies im Westen Gartengestalter in der Heian-Zeit beeinflusste.
Bakufu Militärverwaltung, an deren Spitze der Herrscher in Form des Shoguns stand.
Cha-niwa Teegarten
Cha-noyu Teezeremonie
Chonin Bürgerschicht der Kaufleute, die während der Edo-Zeit zu Reichtum gelangte.
Chozubachi Hohes Wasserbecken, das oft so platziert ist, dass man es von einer Veranda erreichen kann.
Daimyo Feudalherr, Großgrundbesitzer
Dyana Sanskrit-Wort für Meditation, von dem sich der Begriff Zen herleitet.
Edo-Zeit Epoche (1603–1868), in der das Tokugawa-Shogunat von der neuen Hauptstadt Edo (dem heutigen Tokio) aus über Japan regierte.
Eisai Buddhistischer Mönch, der im 13. Jahrhundert Zen und die ersten Teepflanzen nach Japan eingeführt haben soll.

Enshu, Kabori Gartengestalter und Stadtplaner aus dem frühen 17. Jahrhundert, der die Gartenkunst zu neuen Höhen führte.
Fuji-san Heiliger Berg Fudschi, der in Gärten gelegentlich in symbolischer Form dargestellt wird.
Genji, Die Geschichte des Prinzen Einflussreicher Roman aus der Heian-Zeit, verfasst von Murasaki Shikibu.
Geomantie Chinesische Lehre von den Energiefeldern der Erde, aus der hervorgeht, wie Gebäude, Städte und Gärten hinsichtlich Ausrichtung, Farbgebung und Ausstattung angelegt sein müssen. Die Grundsätze von Yin und Yang sowie Feng-Shui sind ebenfalls Bestandteil der Geomantie.
Go-shintai Shinto-Begriff für einen Ort, der als Sitz einer Gottheit gilt.
Heian-Zeit Epoche (794–1185), während der in Kyoto eine neue Hauptstadt entstand. Endete mit dem Umzug des Shogunats nach Kamakura.
Hiei-san Berg bei Kyoto. Gartengestalter versuchten von ihren Anlagen aus einen Blick auf den Berg zu ermöglichen, um seine Form zu »borgen«. Siehe auch *shakkei*.
Horai Zentrale Insel in der alten chinesischen Legende von den mystischen Inseln. Wird oft mit einem aufrechten Stein dargestellt.
Iwa-kura »Felsensitz«: Nach shintoistischer Auffassung hatten Steine eine Seele, manche Exemplare bekamen den Status von Göttern.
Kamakura-Shogunat Epoche (1185–1333), in der das Shogunat seinen Sitz von Kyoto nach Kamakura südlich des heutigen Tokio verlegte.
Kami Shinto-Begriff für die Götter
Kare-sansui Trockengarten, in dem Wasser durch Sand und Kies ersetzt wird.

Links Ein gerader Weg mit Zufallsmuster. Er führt zum Jiko-in-Tempel in Nara.

Karpfenstein Stein an der Basis eines Wasserfalls, der aussieht, als sei er im Sprung begriffen. Er symbolisiert das menschliche Streben.
Koan Zen-Aufgabenstellung, durch die man geistige Leere und Erleuchtung erlangt.
Kranichinsel Der Legende nach eine der mystischen Inseln. Kraniche trugen die Unsterblichen auf ihrem Rücken und wurden zum Symbol für ein langes Leben.
Kyoto Für die Gartenkunst wichtigste Hauptstadt der japanischen Geschichte.
Machiya Kleinere Stadthäuser von Händlern, die *tsubo-niwa*, Hofgärten, enthielten.
Mappo Nach buddhistischer Lehre das Zeitalter des Niedergangs, das mit dem 11. Jahrhundert begann und die letzte der drei von Buddha vorausgesagten Epochen ist.
Matsushima Bucht an der Nordostküste Japans mit kiefernbestandenen Inseln, die in zahlreichen Garten nachempfunden wurden.
Meiji-Restauration Zeit nach 1868, als der Kaiser wieder die Regierungsgeschäfte leitete, Tokio Hauptstadt wurde und die Herrschaft des Shogunats zu Ende ging.
Mitate Wiederverwertete Gebäudereste, z. B. Säulensockel, die als Trittsteine Verwendung finden. Mitate ist ein Zeichen des guten Geschmacks.
Momoyama-Zeit Zeit der Feldherrn (1573–1603), allen voran Totomi Hideyoshi, die das Reich einigten. Der letzte Feldherr war Ieyasu Tokugawa, dessen Familie während der Edo-Zeit herrschte.
Mu »Nichtheit«, ein Aspekt der Zen-Philosophie, der mit den leeren Sandflächen in einigen Zen-Trockengärten zum Ausdruck gebracht wird.
Muromachi-Zeit Diese Epoche (1338–1573), in der das Shogunat von Kamakura nach Kyoto zurückkehrte, war die vielleicht künstlerisch fruchtbarste Periode

der japanischen Geschichte. In ihr wurde die Kunst der Trockengärten *(kare-sansui)* und Teegärten vervollkommnet.

Mystische Inseln Siehe *Horai, Kranichinsel* und *Schildkröteninsel*

Naka-kuguri Wörtlich »mittleres Kriechen durch das Tor«; ein Durchgang, den ein Besucher in gebückter Haltung passieren musste, was in ihm ein Gefühl der Demut hervorrufen sollte.

Nara-Zeit Epoche (710–784), in der Nara die letzte der alten Hauptstädte Japans war. Nach ihr entstand, etwa 50 km nördlich, die neue Kapitale Kyoto.

Nijiri-guchi Kleiner, durchschlupfartiger Eingang in das Teehaus. Die Gäste mussten auf Händen und Knien durch ihn hindurchkriechen.

O-karikomi Japanische Kunst des Formschnitts, bei dem Pflanzen zu abstrakten Formen gestutzt werden.

Pagode Japanisches oder chinesisches Gebäude, in dem Reliquien und Schätze des Buddha oder seiner Jünger aufbewahrt werden. Aus Stein gehauene symbolische Pagoden wurden oft in Gärten aufgestellt.

Peng-lai Ursprünglicher Name für den Berg *Horai*

Rikyu Der berühmteste japanische Teemeister. Sein Einfluss auf die Teezeremonie und die Teegärten ist bis heute spürbar.

Roji Wörtlich »taufeuchter Weg« oder »taufeuchter Boden«. Teeweg, der zum Teehaus führt.

Roji-mon Eingangstor zum Teegarten *(roji)*

Ryoan-ji Berühmtester Zen-Trockengarten in Kyoto. Er entstand vermutlich 1499.

Sakuteiki Erstes Buch über Gärten; ein ausgesprochen einflussreiches Werk aus dem 10. Jahrhundert.

Samurai Soldat im Dienste eines *daimyo*

Sanzon Darstellung der buddhistischen Trinität als Steinanordnung

Schildkröteninsel Die mystischen Inseln lagen der Legende zufolge auf den Rücken von Schildkröten. In japanischen Gärten abstrakte Steinarrangements, bisweilen sind Flossen und Kopf erkennbar.

Sesshu Ein einflussreicher japanischer Künstler, Gärtner und Zen-Mönch des 15. Jahrhunderts.

Shakkei Wörtlich »geborgte Landschaft«. Einbeziehung entfernter Landschaftselemente in die Gartenansicht.

Shibumi Vom japanischen Wort für »ernst« abgeleitete Bezeichnung für die ausgeprägt minimalistische, unaufdringlich weltliche Ästhetik der Edo-Zeit. Sie löste das ältere, spirituellere *wabi-sabi* ab.

Shigemori, Mirei Einflussreichster Gartenarchitekt des 20. Jahrhunderts

Shiki-no-himorogi Heiliger Sitz einer Gottheit

Shime Im Shintoismus gebräuchliches Binden von Artefakten, Steinen und Bäumen. Möglicherweise ist das Wort *shima*, »Garten«, davon abgeleitet.

Shin, **gyo** und **so** Die Vermengung von geometrischen, halbformalen und naturnahen Elementen als Symbol für unterschiedliche soziale und physikalische Gegebenheiten; gebräuchlich etwa beim Bodenbelag.

Shinden Wörtlich »Schlafhalle«. Hauptgebäude im Zentrum der Teichgärten aus der Heian-Zeit.

Shintoismus, Shinto Japanische Naturreligion

Shishi-odoshi Wildscheuche. Ein Bambusstock (»Wasserhammer«), der sich mit Wasser füllt und beim Kippen gegen einen Stein schlägt.

Shogun Japanischer Militärführer

Shoin Baustil, der in der Muromachi-Zeit aufkam.

Soan Rustikaler Stil der Teehausarchitektur

Sode-gaki Kurze Zäune aus Bambus und Gras, die Gartenansichten vom Haus aus gliedern.

Rechts Hervorragendes Beispiel eines japanischen Formschnitts *(o-karikomi)*. Dieses Azaleenarrangement wurde von Kabori Enshu für den Raikyu-ji in Takahashi entworfen.

Sumeru Hindu-Berg *(Meru)*, der im japanischen Buddhismus zum Berg Shumisen wurde.

Tatami Gewobene Grasmatten, mit denen man bevorzugt die Böden japanischer Teehäuser auslegte.

Tokonoma Alkoven oder Nische eines Teehauses

Tsubo-niwa Hofgarten

Tsukubai Niedriges Becken am Teepfad, zu dem man sich hinunterbeugen muss. Daneben steht meist eine Laterne.

Tsuru-shima Aufrechter Stein, der in japanischen Gärten die Kranichinsel symbolisiert.

Unsterbliche Bewohner der mystischen Inseln, die das Elixier der ewigen Jugend besaßen. Die mystischen Inseln wurden oft in Teichen nachempfunden, um die Unsterblichen herbeizulocken.

Wabi-sabi Wörtlich »verwitterte Einsamkeit«; beschreibt auch Teile der Teezeremonie.

Yatsu-hashi Zickzackbrücke mit acht Planken. Sie führt über Bäche und Teiche, die oft mit Schwertlilien bepflanzt sind.

Yugen Verweist auf ein Geheimnis, das jenseits des Sichtbaren verborgen liegt.

Zen-Buddhismus Form des Buddhismus, die im 13. Jahrhundert von China nach Japan gelangte. Zen beeinflusste die Künste und insbesondere Gärten wie den *kare-sansui* und Teegarten nachhaltig.

Nützliche Adressen und Angaben

Japanische Gärten

Verzeichnisse im Internet:
Weltweit: www.jgarden.org
Japanische Gärten in Deutschland:
de.wikipedia.org/wiki/Japanischer_Garten
www.japan-garten-kultur.de

Auswahl öffentlich zugänglicher japanischer Gärten

Deutschland

Augsburg: Botanischer Garten
Amt für Grünordnung, Naturschutz und Friedhofswesen, Fachbereich Botanischer Garten
Tel. 0821 324-6046
www2.augsburg.de

Bad Langensalza: »Kofuko no Niwa« (»Garten der Glückseligkeit«)
Kurgesellschaft Bad Langensalza mbH
Tel. 03603 834424
www.bad-langensalza.de

Berlin: »Yuu Sui En« (»Garten des zusammenfließenden Wassers«), Erholungspark Marzahn
Grün Berlin Park und Garten GmbH
Tel. 030 700906-0
www.gruen-berlin.de

Bielefeld: Kare-san-sui-Garten, von Bodelschwinghsche Anstalten Bethel
Deutsch-Japanische Gesellschaft Bielefeld e. V.
Tel. 0521 9117311
oder 297910
www.bielefeld.de

Bonn: Freizeitpark Rheinaue
Bundesstadt Bonn
Tel. 0228 77-0
www.bonn.de

Bonndorf im Schwarzwald:
Schlossgarten
Tourist-Information Bonndorf
Tel. 07703 7607
www.bonndorf.de

Bremen: Übersee-Museum
Tel. 0421 16038121
www.uebersee-museum.de

Dortmund: Westfalenpark
Der Regionalverband Ruhr
Tel. 0201 2069-0
www.rvr-online.de

Düsseldorf: Nordpark
Stadt Düsseldorf
Tel. 0211 8991
www.duesseldorf.de

Erfurt: Gelände der Gartenbau-Ausstellung
Thüringer Freizeit und Bäder GmbH
Tel. 0361 564-3737
www.ega-erfurt.info

Essen: Grugapark
Tel. 0201 8883106
www.grugapark.de

Freiburg im Breisgau: Seepark am Flückigersee
Tel. 0761 2015620
www.freiburg.de

Furth im Wald: »Zwei-Drachen-Garten der Freundschaft«
Tel. 09973 9270
www.japanischer-garten-furth.de

Hamburg: Planten un Blomen
Tel. 040 42823-2125
www.plantenunblomen.hamburg.de

Hannover: Japanischer Teegarten im Stadtpark
Stadt Hannover
Tel. 0511 168-0
www.hannover.de

Kaiserslautern: Japanischer Garten, Referent für Öffentlichkeitsarbeit
Tel. 0631 3706600
www.japanischergarten.de

Karlsruhe: Japanischer Garten im Stadtgarten
Stadt Karlsruhe, Gartenbauamt
Tel. 0721 133-6701
www1.karlsruhe.de

Köln: Museum für Ostasiatische Kunst
Tel. 0221 940518-34
www.museenkoeln.de

Leverkusen: Japanischer Garten der Bayer AG, mitten im Bayerwerk zwischen Wiesdorf und Flittard
www.willkommeninkoeln.de

München: Japangarten im Westpark
www.muenchen.de

Schwielowsee, Ortsteil Ferch:
Japanischer Bonsai-Garten
Tel. 033209 72161
www.bonsai-haus.de

Trier: »U Raku En«
Tel. 0651 9933297
www.djg-trier.de

Belgien

Hasselt: Japanischer Garten (Größter japanischer Garten in Europa)
Tel. 0032 11 239544
www.hasselt.be

Frankreich

Paris: Japanischer Garten der UNESCO
Tel. 0033 1 45681000
www.unesco.org

Großbritannien

London: Holland Park Gardens
Tel. 0044 20 74719813
www.greatbritishgardens.co.uk

London: Kew Gardens
Tel. 0044 20 83325655
www.kew.org

St. Austell, Cornwall: Pine Lodge
Tel. 0044 1726 73500
www.pine-lodge.co.uk

Knutsford, Cheshire: Tatton Park
Tel. 0044 1625 534435
www.tattonpark.org.uk

Österreich

Wien: Japanische Gärten
www.wien.gv.at/ma42/parks
Schlosspark Schönbrunn
Tel. 0043 1 8775087-0
Setagayapark in Döbling
Tel. 0043 1 4783498
Takasakipark im Kurpark Oberlaa
Tel. 0043 1 6881170
Franz-Karl-Effenberg-Asiagarten
Tel. 0043 1 4000-42300

Schweiz

Brüglingen bei Basel:
Gelände der Grün 80 im Botanischen Garten
Tel. 0041 61 3199780
www.bogabrueglingen.ch

Genf: Japanischer Garten der Collections Baur
Tel. 0041 227043282
www.collections-baur.ch

Gesellschaften

Verband Deutsch-Japanischer Gesellschaften: www.vdjg.de
Ortsvereine der Deutsch-Japanischen Gesellschaft:
www.japan-access.de/DJgesellschaft.html
www.de.emb-japan.go.jp/de-jp/djg.html
Japan Garden Society
www.jgs.org.uk

Bezugsquellen für Pflanzen und Materialien

Die meisten der in diesem Buch genannten Stauden und Gehölze sind ohne Weiteres in Gärtnereien und Baumschulen vor Ort erhältlich oder können dort bestellt werden. Die folgende Zusammenstellung bietet eine kleine Auswahl von Betrieben, bei denen auch seltenere Pflanzen erhältlich sind.

Deutschland, Österreich, Schweiz

Anthurium Services GmbH
Hermsdorfer Damm 139
13467 Berlin
www.japangarten-berlin.de/shop
Produkte für Gärten im japanischen Stil

Baumschule Eberts GbR
Bambus-Centrum Deutschland
Saarstr. 3–5
76532 Baden-Baden
www.bambus.de
Große Auswahl an Bambus, Zubehör

Baumschule Hachmann
Brunnenstraße 68
25355 Barmstedt
www.hachmann.de
Azaleen, Rhododendren, Japanische Ahorne

Bund deutscher Baumschulen e. V.
Bismarckstr. 49
25421 Pinneberg
www.bund-deutscher-baumschulen.de
Adressen einzelner Baumschulen

Eggert Baumschulen
Baumschulweg 2–4
25594 Vaale
www.eggert-baumschulen.de
Große Auswahl an seltenen Gehölzen

Foerster-Stauden GmbH
Am Raubfang 6
14469 Potsdam/Bornim
www.foerster-stauden.de

Gazebo
Peter-Rosegger-Gasse 36
A–3400 Klosterneuburg
www.gazebo.at
Zubehör für japanische Gärten (kein Versand)

Georg Wilken Baumschulen
Am Nesterhorn 21
26655 Westerstede/Hüllstede
www.baumschule-wilken.com
Große Auswahl an seltenen Gehölzen

Herrenkamper Gärten
Martin und Heidi Dieck
Herrenkamp 1
27254 Siedenburg
www.herrenkampergaerten.de
Große Auswahl an seltenen Gehölzen

Mandarins Bonsai
Weberstr. 13
89407 Dillingen
www.japanische-gaerten.de
Bonsais, Formschnittgehölze, Zubehör

Sarastro Stauden
Ort 131
A–4974 Ort/Innkreis, Österreich
www.sarastro-stauden.com

Staudengärtnerei Arends
Monschaustr. 76
42369 Wuppertal
www.arends-maubach.de

Staudengärtnerei Gräfin von Zeppelin
Weinstr. 2
79295 Sulzburg-Laufen
www.graefin-v-zeppelin.com

Verband schweizerischer Baumschulen
Züricher Str. 17
Postfach 17
CH–5200 Windisch
Adressen einzelner Baumschulen

Winterhärtezonen

Für jede im Kapitel »Pflanzen in japanischen Gärten« genannte Pflanze wurde die Winterhärtezone angeführt. Diese gibt die durchschnittliche jährliche Tiefsttemperatur an, die in einem größeren Gebiet im langjährigen Mittel zu verzeichnen ist. Der größte Teil Deutschlands liegt in den Halbzonen 7a und b, der Südosten in Halbzone 6b. Die mildesten Lagen (Zone 8a) findet man an der Nordseeküste, am Bodensee und am Rhein.

Die Winterhärtezone ist nicht die einzige, aber eine wichtige Information, um zu beurteilen, ob eine bestimmte Pflanzenart in einem Gebiet auf Dauer gedeihen kann. Dabei ist zu beachten, dass etwa Schutz vor Wind und Wintersonne, eine dicke Schneedecke oder günstige Nischen an Hauswänden kleinräumig um eine volle Zone günstigere Verhältnisse bewirken können.

Zone 5a: –28,8 bis –26,1 °C
Zone 5b: –26,0 bis –23,4 °C
Zone 6a: –23,3 bis –20,6 °C
Zone 6b: –20,5 bis –17,8 °C
Zone 7a: –17,7 bis –15,0 °C
Zone 7b: –14,9 bis –12,3 °C
Zone 8a: –12,2 bis –9,5 °C
Zone 8b: –9,5 bis –6,7 °C

Register

Kursiv gesetzte Seitenzahlen verweisen auf Abbildungen.

Bildnachweis, Danksagung und Bibliografie

Bildnachweis

Alle Fotografien © Anness Publishing Ltd, mit Ausnahme folgender Abbildungen (l = links, M = Mitte, o = oben, r = rechts, u = unten):

Alamy Images: 59; **Charles Chesshire:** 4l, 4M; 9M; 10M; 12; 16; 17o; 21o, 21ur; 26; 27; 28; 29u; 43o; 50; 55ur; 58; 66o; 73l, 73r; 80; 82; 83r; 88r; 93o, 93M, 93u; 96l; 101ul, 101ur; 118l, 118r; 125l; 133l; 141M, 141r; 142; 143l; 144l; 145r; 149o; 155; **Jerry Harpur:** 4M; 9M; 17u; 21ul, 21ur; 25; 43u; 95; 111; 115; 121lM; 127l; 137r; **Tadashi Kajiyana:** 30; 31; 62o; 102; 105o; 131; 132r; 134; 135l, 135M; 138.

Danksagung

Ich danke allen, die mir die vielen Genüsse des japanischen Gartens nähergebracht haben.

In Japan bin ich Venetia Stanley-Smith zu großem Dank verpflichtet. Sie hat mich ermutigt und mir die Grundlagen erklärt. Ich danke ferner ihrem Ehemann Tadashi, von dem einige seiner Bilder in diesem Buch zu finden sind. Dank auch an Masahiro Takaishi, Gestalter des japanischen Gartens im Holland Park, der mich herumführte und mir zeigte, wie man in Japan Gehölze schneidet, sowie an Marc Keane, der mich in seine Gruppe von Freiwilligen aufgenommen hat, mit denen ich die großartigen Gärten von Hakusa-sonso jätete und säuberte.

Ebenfalls ein Dankeschön geht an Günter Nitschke, mit dem ich mich bei einer Tasse Kaffee in Kyoto stundenlang angeregt über die Zen-Philosophie und die verschiedenen Gärten unterhalten konnte. Er hat mir auch die interessantesten Anlagen gezeigt. Ein besonderer Dank geht an Egami und seine Frau Hiromi, die mich zu wunderschönen Plätzen geführt haben und mir den Weg des Tees sowie die Schönheiten der Teehausarchitektur nähergebracht haben.

Ich danke Alex Ramsay für seinen Vorschlag, dieses Buch zu schreiben, und für zwei wundervolle Wochen in Kyoto, bei denen viele seiner großartigen Fotografien entstanden. Ein Dank auch an meine Frau Anne für ihre Unterstützung, an Nicola Kearton für ihre kritische Begutachtung meines ersten Entwurfs und an meine Redakteurin bei Anness, Caroline Davison, die mir geduldig zuhörte, als ich ihr erklärte, wie ich japanische Gärten den Lesern im Westen näherbringen wollte, und mir half, das passende Konzept für dieses Buch zu finden.

Ein besonderer Dank geht an alle, die ihre Gartentüre für uns geöffnet haben: an Kazuo Tamura vom Tatsumura-Seidenunternehmen, weil er uns den Garten Syoko-ho-en zeigte, an Joho Ozeki im Jiko-in-Zentempel in Nara für seine Gastfreundschaft, an Venetia Stanley-Smith, die uns in die Privatgärten von Ohara einführte, und an die Eigentümer dieser Anlagen. Danken möchte ich auch allen Tempel- und Gartenverwaltungen in Japan, die uns die freundliche Genehmigung erteilten, folgende Anlagen zu fotografieren: Byodo-in, Hakusa-sonso, den Heian-Schrein, Honen-in, Hosen-in, Isui-en, Kinkaku-ji, Koetsu-ji, Konchi-in, Koto-in, Murin-an, Nanzen-ji, Ryoan-ji, Ryogen-in, Sanzen-in, Schloss Nijo, Shoden-ji, Tenju-an, Tofuku-ji und Toji-in.

Bibliografie

Folgende Werke eignen sich vorzüglich für eine tiefer gehende Beschäftigung mit der japanischen Gartenkunst und dem damit zusammenhängenden kulturellen Hintergrund:

Borja, Eric und Paul Maurer: *Japanische Gärten. Gärten gestalten mit Zen.* Christian Verlag; München, 2006.

Hobhouse, Penelope: *Der Garten. Eine Kulturgeschichte.* Dorling Kindersley; Starnberg, 2003.

Nosé, Michiko R.: *Der moderne japanische Garten.* DVA; Stuttgart, 2002.

Shikibu, Murasaki: *Die Geschichte vom Prinzen Genji.* Insel; Frankfurt, 1995.

Shonagon, Sei: *Das Kopfkissenbuch der Dame Sei Shonagon.* Insel; Frankfurt, 2002.

Teiji, Itoh: *Die Gärten Japans.* DuMont; Köln, 1999.

Takei, Jiro: *Sakuteiki oder die Kunst des japanischen Gartens.* Ulmer; Stuttgart, 2005.

Nitschke, Günter: *Japanische Gärten.* Taschen; Köln, 2005.